T0048196

ENTRENAMIENTO MENTAL
PARA MÚSICOS

Rafael García

ENTRENAMIENTO MENTAL PARA MÚSICOS

© 2017, Rafael García Martínez.

© 2017, Redbook Ediciones, s. l., Barcelona.

Diseño de cubierta e interior: Regina Richling.

Ilustración de cubierta: Shutterstock
ISBN: 978-84-946504-4-4

Depósito legal: B-667-2017

Impreso por Galt Printing

Impreso en Argentina - *Printed in Argentina*

ÍNDICE

Dedicado a mi padre, Jesús,
por su sensibilidad para la música y para la vida;
y a mi madre, Concepción,
por su determinación y capacidad de esfuerzo.

PREFACIO

¡Tengo una gran confianza en la enseñanza de mi viejo amigo Rafael García! Rafael comprende y siente la música gracias a una inteligencia del cuerpo y una sabiduría del corazón excepcionales... ¡Me gustaría permanecer en España para aprovechar sus consejos todo el tiempo!

Espero sinceramente que sean muchos los jóvenes músicos que puedan ver transformada su manera de hacer música por un enfoque mucho más global del gesto musical. Serán conscientes de que no existe otro objeto de evolución que uno mismo.

Claude Delangle
Concertista y Catedrático de saxofón
del Conservatorio Superior Nacional de París.

INTRODUCCIÓN

El interés por el tema central de este libro se remonta a mi juventud, casi niñez, en concreto durante un ensayo de la Orquesta del Conservatorio de Valencia. Mi compañero de atril, el extraordinario violinista Santiago Juan, me ofreció sin pretenderlo la ocasión de comprobar lo práctico y eficaz que puede resultar utilizar el estudio mental. Mientras el resto de los violines parecíamos una jaula de grillos intentando resolver infructuosamente un difícil y enrevesado pasaje con muchos cambios de arco, Santiago Juan, que era entonces el concertino, optó por dejar el violín y el arco sobre sus piernas y mirar con atención la partitura. Ayudándose con gestos de su brazo derecho y con pequeñas pausas, recorrió el pasaje como queriendo aclarar las notas y los arcos. Después de realizar un par de veces la misma operación, tomo el violín y pasó lentamente el complicado pasaje hasta darle poco a poco velocidad. Al cabo de unos minutos nos dejó a todos sorprendidos por la precisión y brillantez con la que fue capaz de tocarlo. La experiencia me impactó y contribuyó a que años más tarde me interesara a fondo por todo lo referente a la visualización y al estudio mental.

¿Podemos entrenar nuestras habilidades musicales sin el instrumento o sin cantar? ¿Tiene sentido practicar un instrumento musical en silencio? La respuesta es afirmativa, y los argumentos son verdaderamente convincentes, tal como lo muestran infinidad de investigaciones y las experiencias de destacados intérpretes como las que veremos a lo largo del libro. La propia intuición ha llevado a muchos músicos a explorar las posibilidades de la práctica mental. En cierta ocasión el célebre pianista Glenn Gould comentó en una entrevista, que la preparación que había llevado a cabo para la grabación de las *Cuatro Baladas op. 10* de J. Brahms que realizó en Nueva York, había sido en mayor medida mental. Durante seis semanas se centró en estudiar la partitura sin el instrumento con el fin de desarrollar una muy clara concepción de su aproximación a las Baladas. Solo dos semanas antes de la grabación las trabajó con el piano, realizando los ajustes pertinentes.

Durante el período de documentación para escribir este libro me ha sorprendido la cantidad de músicos de alto nivel que llevan a cabo la práctica mental, así como la enorme diversidad de sus aplicaciones. Algunos intérpretes ponderan su uso en la fase inicial de estudio de una nueva obra, o realizan un trabajo fuera del instrumento con el fin de explorar las posibilidades expresivas sin condicionantes. Otros emplean el estudio mental para trabajar dificultades específicas, solos de orquesta, o con el propósito de alcanzar una mayor seguridad en el escenario.

A través de la experiencia con mis alumnos del Conservatorio Superior de Música de Aragón he podido comprobar que la práctica mental es una herramienta muy útil también entre los estudiantes. Muchos la descubren cuando cursan sus últimos años de formación, pero resulta verdaderamente efectiva en cualquier etapa, como lo demuestra su utilización en niños de 8 ó 10 años, cuando por diversas razones no pueden practicar durante un tiempo con su instrumento musical. Cada vez es más común ver a un estudiante sentado en la cafetería de un conservatorio, que mueve con discreción sus dedos mientras pasa en su cabeza un fragmento musical.

El libro está dividido en dos partes. En la primera nos centraremos en conocer las claves de la práctica mental y qué aplicaciones tiene. En los tres primeros capítulos dispones de información que te ayudará a comprender mejor los apasionantes procesos que tienen lugar en nuestra mente cuando visualizamos. En la segunda parte pasaremos a la acción. Comenzaremos de forma sencilla por el procedimiento básico de estudio mental, y posteriormente nos adentraremos en varias de sus aplicaciones, como por ejemplo, alcanzar una mejor postura y libertad corporal al hacer música, optimizar diversos aspectos del estudio, y preparar las actuaciones de forma más satisfactoria.

En relación con esta última aplicación, resulta sorprendente conocer los últimos intentos por incrementar la seguridad y el control de los músicos en las actuaciones en público. Como veremos en el capítulo 7, el Royal College of Music de Londres dispone desde hace poco tiempo, de un sofisticado simulador de realidad virtual con el que los estudiantes ejercitan sus habilidades de manejo de la ansiedad escénica. La vigencia de esta problemática en el mundo de la música ha propiciado esta novedosa incorporación. En este mismo capítulo, comprobaremos que la visualización también nos ofrece la posibilidad de entrenar mediante diversas técnicas las habilidades necesarias para alcanzar un mayor control en el escenario.

Al final de cada capítulo de la segunda parte del libro dispones de un programa de práctica mental. Este apartado está diseñado para poner en marcha de forma más concreta las habilidades que se presentan. Mediante plantillas y demás materiales podrás planificar y registrar aquellos ejercicios de visualización o estudio mental que más necesites. Programar la práctica mental resulta especialmente útil en los inicios, ya que contribuye a crear un compromiso efectivo contigo mismo y con las habilidades que pretendes desarrollar.

Escribir un libro es una aventura que como un río, nace en el pasado, te inunda por completo en el presente, y se proyecta hacia lo desconocido. En esta ocasión el río nació de una fortuita experiencia durante un ensayo, donde quedé impresionado por el alcance de abordar mentalmente un pasaje difícil. En la actualidad, mi dedicación profesional me permite disfrutar del trabajo con muchos músicos y comprobar los beneficios que la práctica mental produce en ellos. El futuro queda abierto. Espero haber contribuido con este libro a que un número mayor de instrumentistas y cantantes conozca esta extraordinaria herramienta, y a que su empleo les acerque todavía más a aquello que tanto amamos, la música.

Rafael García Martínez

Primera parte

1

LA PRÁCTICA MENTAL EN LOS MÚSICOS

HACER MÚSICA DESDE EL PENSAMIENTO

«La formación musical debería desarrollar la escucha interna
– es decir, la capacidad de escuchar música con claridad
tanto mental como físicamente.»

Émile Jaques-Dalcroze (1865-1950)

Si te dedicas a la música puedes sentirte afortunado, porque llegar al corazón y el intelecto del público es un gran privilegio, un gran acto de comunicación. Las horas de estudio que se necesitan para dominar un instrumento musical o la voz, tienen verdadero sentido cuando te sientes competente con lo que haces y consigues hacer disfrutar a los demás a través de la música.

Este libro pretende ofrecerte las claves de un tipo de práctica que puede ayudarte enormemente en esta tarea. Se trata de la práctica mental, un set de herramientas psicológicas que ha mostrado una enorme eficacia en la mejora del rendimiento de actividades motrices como el deporte, la interpretación musical, el teatro o la danza.

Las propuestas que irás descubriendo tienen que ver con una manera alternativa de ejercitar escalas o arpegios o de preparar las obras que vas a interpretar en público. Esta práctica consiste en dejar por un momento tu instrumento musical y realizar un viaje interior en el que ejercitas desde el pensamiento aquellas habilidades que más necesitas. Además de desarrollar tus destrezas musicales, mediante el entrenamiento mental puedes también incentivar tu capacidad creativa y potenciar con eficacia los recursos que te impulsen a llegar al máximo a tu audiencia.

Como acabamos de decir, el entrenamiento mental no se circunscribe a la música. Los actores que siguen las directrices del método Stanislawski realizan una profunda búsqueda de la naturaleza humana a través de la visualización, lo que les abre las puertas a un amplio espectro de posibilidades creativas. El director ruso Konstantin Stanislawski consideraba esencial que el actor ejercitara la «visión interna» con el fin de acompañar con imágenes la interpretación de cada rol. Irene Down, profesora en la Juilliard de Nueva York, utiliza la visualización con sus alumnos de danza con el fin de que interioricen mejor los conceptos anatómicos. La práctica desde el pensamiento ofrece valiosas perspectivas de aplicación en todas aquellas actividades en las que el equilibrio entre el cuerpo y la mente representa un elemento destacado.

¿En qué consiste la práctica mental?

El entrenamiento mental del que nos vamos a ocupar a lo largo de los capítulos, engloba tres grandes apartados que se encuentran muy relacionados entre sí:

- El estudio mental.
- La visualización.
- Habilidades psicológicas que potencian un mejor rendimiento interpretativo.

Los términos estudio mental y visualización se superponen a menudo, aunque reflejan una misma idea. Cuando nos referimos al estudio mental dentro del ámbito musical, hablamos por lo general de aspectos como leer mentalmente las notas de una partitura, analizar o memorizar. Cuando un músico estudia mentalmente una partitura, piensa y trabaja con los sonidos, con la estructura armónica o formal, con la interpretación. La visualización tiene que ver con el acto de representarse mentalmente algo, sean elementos perceptivos (imágenes visuales, sonoras, cinestésicas ...) o una situación (los movimientos que se realizan al interpretar, un concierto en público ...). Por lo tanto, el estudio mental incluye la visualización, y es el término que se suele utilizar en la música para referirnos a este tipo de práctica.

Emmanuel Pahud, solista de flauta de la Orquesta Filarmónica de Berlín, realiza parte de su estudio mentalmente. Este consiste en leer las partituras sin necesidad de tocarlas, imaginando el resultado sonoro que pretende obtener y tratando de ahondar en su significado, en cómo quiere frasear, o en los colores sonoros que pretende conseguir[1]. Otra destacada muestra de utilización de la práctica mental la encontramos en el pianista Josu de Solaun[2], quien realiza una extensa aproximación inicial a su nuevo repertorio fuera del instrumento. Ganador del prestigioso premio Geroge Enescu y profesor de piano en la Universidad Estatal de Houston, este reconocido solista confiere al estudio mental un gran valor. Como veremos en el capítulo 6, el contacto con la partitura sin la intermediación del piano le aporta una gran profundidad en su concepción musical, a la vez que una enorme seguridad en relación con sus actuaciones.

El pianista Josu de Solaun realiza un intenso trabajo fuera del instrumento.

1. En este artículo, el flautista nacido en Ginebra comenta su forma de trabajar. Emmanuel Pahud. *El rey de la flauta. Ritmo.* Enero 2016 págs 14-17

2. Puedes leer aquí una interesante entrevista realizada a este gran intérprete.Martínez Seco, Aurelio (2016). Josu de Solaun, Pianista: 'España tiene mucho que ofrecer al mundo'. *Codolario. La revista de música clásica.* www.codolario.com

Además de estudiar mentalmente una obra o un pasaje, la práctica mental nos ofrece la posibilidad de visualizar la acción musical. La imagen mental precede a la acción y posibilita mejorarla. Visualizar el movimiento ideal del brazo derecho al pasar el arco antes de llevarlo a cabo, contribuye a que el gesto sea más natural y preciso. En el capítulo 7 comprobaremos que la visualización también nos brinda la posibilidad de entrenar y mejorar nuestra forma de afrontar situaciones estresantes, como tocar en una prueba, una audición o un recital.

Combinadas con el estudio mental, el desarrollo de habilidades psicológicas como la anticipación, la autorregulación o la reflexión, nos permiten ejercitar competencias que nos capacitan para realizar con mayor éxito la actividad musical. Aumentar la concentración en el estudio y en las actuaciones, o incrementar la seguridad en uno mismo, representan algunos ejemplos de las áreas que podemos mejorar mediante nuestro entrenamiento mental, y que vamos a ir viendo a lo largo de los capítulos.

Una característica positiva de la práctica mental reside en que como cualquier técnica o habilidad puedes perfeccionarla poco a poco. Este va a ser el eje principal de nuestro libro. Con el fin de producir mejoras en múltiples aspectos del rendimiento musical, aprenderemos a utilizar nuestra capacidad de imaginar y pensar de forma más efectiva.

La creación comienza con una imagen

El genial artista Miguel Ángel comentaba que cuando aceptó el reto de esculpir la figura del famoso David, se limitó a quitar la piedra sobrante de un enorme masa de mármol abandonada en los talleres de la catedral de Florencia. La imagen del joven rey estaba tan viva en la mente del artista, que el martillo y el cincel sabían en todo momento lo que tenían que hacer.

Esta capacidad de ver en la mente «aquello que puede llegar a ser» constituye la esencia de la visualización y del estudio mental. La antesala de cualquier creación tiene lugar en nuestro cerebro y lo hace en forma de imagen, ya sea visual o sonora.

Según el destacado psicólogo cognitivo Steven Pinker[3], la mente humana utiliza las imágenes para experimentar el mundo en el que vivimos. A través del álbum personal de imágenes que permanece guardado en nuestro interior, comprendemos nuestro entorno y generamos nuevas imágenes y nuevos conceptos.

Cuando te ejercitas mentalmente en la música, plantas la semilla de algo que puede dar lugar a una mejora considerable en tu técnica y en tu manera de interpretar. Se trata de un proceso natural que parte de tu interior, y que si aprendes a canalizarlo convenientemente te ofrecerá una inestimable guía para la acción real.

Cómo funciona el estudio mental y la visualización

«Estudiar no solo es tocar tu instrumento, también incluye imaginarte a ti mismo practicando. Tu cerebro crea las mismas conexiones neuronales y memoria muscular tanto si te estás imaginando la tarea como si estás haciéndola.»
Yo-Yo Ma. Cellista.

Cuando imaginamos cómo sonaría un determinado pasaje musical, la mente trae a la consciencia archivos de acontecimientos sonoros situa-

3. Pinker, S. (1999). *How the Mind Works*. New York, Oxford University Press.

dos en la memoria a largo plazo. Nuestras experiencias musicales se encuentran allí en un almacén de dimensiones extraordinarias que contiene información relacionada con el ritmo, la afinación, el timbre, la expresión...

Otra modalidad de memoria, la llamada memoria de trabajo (*work memory*) selecciona solo aquellos datos que puedan sernos útiles para la práctica mental que vamos a realizar. Posteriormente llevamos a cabo diversos procesos mentales que nos ayudan a elaborar y jugar con todo esa información.

Cuando los músicos visualizan o estudian mentalmente suelen utilizar tres tipos de imágenes:

▶ Sonoras (las características del sonido, la interpretación...).
▶ Visuales (la imagen de las manos, la postura, la presencia y comportamiento en el escenario...).
▶ Cinestésicas (las sensaciones internas asociadas a la posición, al movimiento y al grado de tensión muscular...).

En tu mente, puedes recrear el sonido de una trompa, o de la voz humana. Si te imaginas a ti mismo tocando o cantando, puedes verte de frente o de lado. También puedes activar un zoom con el fin de ampliar la imagen de tus dedos recorriendo el teclado de un piano, e incluso imaginar las sensaciones internas de su movimiento.

Las emociones también tienen cabida en este tipo de trabajo. La práctica musical desde el pensamiento se enriquece enormemente cuando experimentamos y aprendemos a canalizar de forma productiva la alegría, la determinación, el miedo o el entusiasmo. Las emociones potencian muchos de nuestros recursos cognitivos y generan marcos contextuales en los que surgen mejores ideas y mejores sonidos.

En definitiva, cuando visualizas, tu mente funciona en dos diferentes niveles:

▶ Recuperando información de tu memoria (imágenes visuales, sonoras, cinestésicas ....).

▶ Operando con dichas imágenes (ampliándolas o reduciéndolas, seleccionando partes de ellas, conectando con otras modalidades sensoriales, manteniéndolas más o menos tiempo activas, aumentando o bajando la velocidad ....), e incorporando el mundo de las emociones.

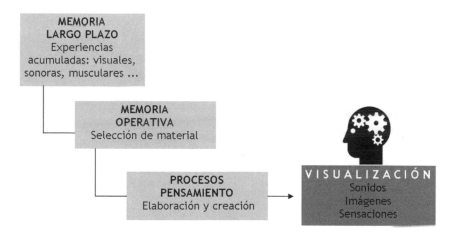

Una equivalencia con la realidad

Roger Shepard, psicólogo de la universidad de Stanford, utilizó bloques de formas similares a los que vienen a continuación para demostrar que las imágenes mentales pueden ser manipuladas como si fueran reales.

¿Cuál de las cuatro imágenes es diferente al resto? Para averiguarlo necesitamos operar y rotar las imágenes en nuestra mente de forma similar a lo que lo haríamos con bloques tridimensionales en la realidad. Lo interesante de la experiencia de Shepard[4] lo representa el hecho de que el tiempo que necesitamos para llevar a cabo las rotaciones mentales depende de la cantidad de rotación realizada, con lo que el paralelismo con la realidad es evidente. De la misma manera, en un contexto de actividad física, el tiempo que lleva imaginar la ejecución de una secuencia compleja de movimientos es de una duración similar al de la ejecución real[5].

Los avances que se han producido en los últimos años en el área de la neuroimagen complementan además dicho descubrimiento. Utilizando escáneres cerebrales, los científicos han podido comprobar que la acción real y la acción imaginada funcionan de forma equivalente desde la perspectiva neurológica[6]. Esta constatación es vital para los músicos, porque viene a confirmar que cuando un pianista ensaya mentalmente un pasaje ejercita en gran medida los mismos procesos mentales que tienen lugar en la acción física, lo cual, como veremos más adelante, aporta interesantes ventajas. Mediante la visualización puedes

4. Shepard, Roger N. and Jacqueline Metzler (1971) Mental rotation of three-dimensional objects. *Science* 171: 701-703.

5. Bakker, M., De Lange, F. P., Helmich, R. C., Scheeringa, R., Bloem, B. R., and Toni, I. (2008). «Cerebral correlates of motor imagery of normal and precision gait.» *Neuroimage* 41, 998–1010. doi: 10.1016/j.neuroimage.2008.03.020

6. Se han apreciado equivalencias funcionales en los sistemas auditivo y motor comparando las ejecuciones musicales reales y las visualizadas. Kosslyn, S., Ganis, G., & Thompson, W. (2001). «Neural foundations of imagery.» *Neuroscience* , 2, 635 – 42

obtener muchos de los beneficios que te aporta el estudio real, e incluso sumarle otras ventajas alternativas. Por cierto, la imagen que en el experimento que acabamos de ver es diferente al resto, es la de la derecha.

También utilizamos imágenes en la acción real

Las imágenes mentales también se encuentran presentes durante la ejecución musical real. Aunque no solemos ser conscientes de ello, cuando interpretamos una obra, nuestra mente anticipa mediante representaciones sonoras y motoras aquello que va a ser ejecutado inmediatamente después.

Como consecuencia de la experiencia acumulada a través de los años de estudio de un instrumento musical o del canto, existe una potente asociación entre la imagen sonora y la secuencia de movimientos que la acompañan. La interpretación que pretendemos conseguir (el tipo de sonido, el *tempo*, la pulsación, el carácter ...) se mantiene activa en nuestra memoria de trabajo y precipita la acción motora encargada de su ejecución. Peter E. Keller, investigador en el departamento de Cognición Musical del Instituto Max Planck de Leipzig, afirma que existen dos interesantes tipos de esquemas cognitivos de funcionamiento relacionados con la anticipación en la interpretación musical[7]. Gracias a

7. Keller, P.E. (2012). Mental imagery in music performance: underlying mechanisms and potential benefits. *Annals of the New York Academy of Sciences, 1252*, 206–213.

esta tarea de anticipación auditiva facilitamos la planificación y la ejecución de las acciones musicales que tienen lugar en el pasaje, lo que lleva a mayor eficiencia, precisión y economía mecánica. No en vano, grandes intérpretes y pedagogos, entre los que se encontraba el conocido profesor de cello de la Universidad de Indiana Janos Starker, insisten en la importancia de desarrollar y ejercitar la capacidad de anticipar o escuchar la música en la mente ligeramente antes de ejecutarla.

APLICACIONES DEL ENTRENAMIENTO MENTAL

«A medida que tu relación con la música se hace más fuerte, también lo hace tu motivación para tocar y encontrar diferentes sonidos. Si tienes la idea de que puedes encontrar un color que es mejor para uno u otro compositor, incluso si se trata de una ilusión, esto genera un enorme placer.»

Maurizio Pollini. Pianista.

Como puedes comprobar, existen muchas similitudes entre lo que sucede en nuestro cerebro cuando realizamos una acción y cuando la visualizamos. Este hallazgo nos invita a sacar un buen provecho de esta forma de ejercitarnos en la música a través de diversas aplicaciones.

Una interesante propuesta de utilización del estudio mental la encontramos en el dúo de pianos de los hermanos Víctor y Luis del Valle, una de las agrupaciones camerísticas más destacadas en Europa. En la preparación de cada obra los hermanos Del Valle incluyen siempre el estudio fuera del instrumento, lo que les aporta una perspectiva musical especial. En esencia, el trabajo que el dúo del Valle realiza sin el piano es el siguiente. Tras realizar un profundo análisis de la obra comparten su idea del carácter, *tempo*, direcciones, notas importantes, agógicas y sensación formal de cada pasaje, trabajo que también realizan en una fase posterior de toda la obra. El dúo piensa por separado en estados de ánimo que contagian su estado físico y los traducen cantando, hablando y con movimientos corporales. En sesiones bastante largas de canto y expresión física de la obra ponen esa información en común y alcanzan un consenso.

Este procedimiento de trabajo tiene un propósito. Los hermanos Del Valle se aseguran de que posteriormente persiguen esa idea con el instrumento, de forma que no sean las limitaciones que puedan surgir (a veces surgen limitaciones que no aparecerían con una idea más clara de la obra) las que marquen cómo van a interpretar una obra o un determinado pasaje. Durante su exigente proceso de preparación vuelven a este tipo de trabajo ante cualquier duda, y también les gusta recurrir a él antes de los conciertos con el fin de conectar de nuevo con la idea y no limitarse solo a su realización pianística.

El dúo de pianos Luis y Víctor del Valle.

María Rubio, solista de trompa de la Orquesta de Valencia e invitada periódicamente por la Orquesta Filarmónica de Berlín, lleva a cabo diversas aplicaciones de la practica mental. En su tarea pedagógica, María Rubio utiliza imágenes extraídas de acciones sencillas de la vida cotidiana con el fin de activar en sus alumnos una mejor comprensión de los procesos técnicos que tienen lugar en la trompa. Como en el resto de instrumentos de viento, los componentes de los procesos implicados en la respiración y en la producción del sonido se dan internamente y no son visibles, por lo que este tipo de referencias e imágenes resultan enormemente útiles.

Otra interesante área de aplicación del estudio mental que lleva a cabo María Rubio se centra en la preparación de los solos de orquesta, área de la que es una reconocida experta. Para Rubio resulta esencial trabajar los pasajes orquestales de forma integral, es decir, teniendo en todo momento consciencia del contexto sonoro, armónico y formal en el que suceden, en lugar de limitarse a una aproximación exclusivamente técnica. La práctica mental que realiza al respecto consiste en interiorizar desde la partitura todos estos elementos, incorporando desde la primera nota de su intervención cuestiones como la precisión en la pulsación, o la dirección musical. El resultado se traduce en intervenciones más seguras y de una altísima calidad.

La solista de trompa María Rubio, actuando con la Orquesta de Valencia.

El pianista Alejandro Rojas-Marcos, que desempeña una intensa labor en el ámbito de la improvisación libre, utiliza la práctica mental con diversos fines. En una reciente colaboración con el conocido bailaor flamenco Israel Galván, Rojas-Marcos incluyó una improvisación al órgano realizada en un lenguaje próximo al compositor Olivier Messiaen. En ella empleaba determinadas estructuras interválicas que podía utilizar como acordes o como elementos melódicos que transportaba y combinaba de diversas formas. El trabajo mental que el pianista realizó durante su preparación, consistía en practicar el dominio de esas estructuras con el objetivo de asimilarlas e integrarlas en escena con soltura. Como comenta Rojas-Marcos, el trabajo mental obliga a desarrollar una gran concentración y a tener claro en cada momento el proceso llevado a cabo, lo cual supone un verdadero esfuerzo. Como contrapartida, te aporta una gran libertad para improvisar y adaptarte con flexibilidad a las circunstancias interpretativas.

El pianista Alejandro Rojas-Marcos durante una improvisación.

El último ejemplo de aplicación de la práctica mental en este primer capítulo lo encontramos en el violinista Pablo Suárez Calero, concertino invitado en orquestas como la Orquesta de Cámara Reina Sofía, director del Ensemble Praeteritum y profesor en el Conservatorio Superior de Música de Aragón. Este excelente violinista realiza habitualmente un profundo trabajo mental de las obras que va a interpretar en público. El objetivo consiste en ejercitar desde el pensamiento diversas instrucciones que configuran una sólida representación psicofísica de las obras. Su atención se centra en enviar las señales correctas y precisas desde su mente a los dedos de la mano izquierda, a la mano del arco, y en definitiva a todos aquellos elementos corporales que intervienen en la ejecución.

Pablo Suárez piensa que la preparación mental de un recital entraña una doble configuración: el trabajo riguroso de enviar desde el pensamiento instrucciones adecuadas para conseguir la precisión de los movimientos, y además, la integración del componente interpretativo y artístico. Enlazar ambos planos implica un verdadero reto que conduce a un conocimiento más profundo de las obras.

El violinista Pablo Suárez utiliza el estudio mental en diversas fases de su preparación.

Después de estos sugerentes ejemplos dispones a continuación de algunas de las aplicaciones más comunes que los músicos llevan a cabo mediante el estudio mental y la visualización.

Mejorar la lectura de las obras

La lectura de una nueva obra nos ofrece la oportunidad de hacer bien las cosas desde el principio. Esto incluye generar una imagen global de la misma, así como un análisis de su estructura que aporte un mayor sentido al trabajo posterior con el instrumento. Intercalar la lectura mental con la real, contribuye además a realizar un trabajo más preciso y evita que se graven errores costosos de erradicar. Como veremos en el capítulo 6, este tipo de lectura mantiene abiertos los canales de aprendizaje más fácilmente, sin generar tensiones musculares innecesarias.

Cuando te acostumbras a leer mentalmente una partitura desarrollas al mismo tiempo una habilidad muy recomendable en situaciones como las pruebas de lectura a primera vista, tan temidas por los instrumentistas que quieren acceder a una orquesta. Además, el trabajo fuera del instrumento puede incentivar la exploración de las posibilidades musicales y expresivas de una nueva obra sin los condicionantes del propio instrumento, como acabamos de ver en el ejemplo del dúo pianístico de Víctor y Luis del Valle.

Reeducar hábitos inadecuados

En ocasiones necesitamos sustituir un mal hábito por otro más ventajoso (posición o movimiento inadecuados de alguna parte del cuerpo, tendencia a estudiar precipitadamente, ...). En estas circunstancias avanzar significa desaprender, y para conseguir un cambio beneficioso de conducta conviene trabajar más desde el pensamiento que desde el instrumento. Detener la acción equivocada y anticipar mentalmente lo correcto, agiliza enormemente este proceso de mejora.

Mejorar el estudio, la concentración y la memoria

En la medida en la que ejercitamos los procesos de pensamiento que tienen lugar en el aprendizaje musical mejoramos la calidad de la propia actividad musical. Cuando estudiamos mentalmente un pasaje, nuestra mente opera sobre diversos elementos (ritmo, alturas del sonido, movimientos, expresión...). Al desprendernos momentáneamente de la acción física, la actividad principal se desarrolla exclusivamente en nuestros circuitos neuronales, lo que supone un verdadero entrenamiento de capacidades psicológicas básicas como la concentración y la memoria.

Conseguir mayor libertad de movimientos

La visualización contribuye a mejorar la eficacia y la libertad de movimientos, en especial si parte de un adecuado análisis anatómico. Si ejercitas la habilidad de anticipar un gesto natural puedes ganarle la partida a la tensión excesiva, responsable de tantas limitaciones. En el capítulo 5 veremos que combinar la imagen visual de un movimiento con sus correspondientes sensaciones internas (cinestesia), nos permitirá alcanzar una acción musical más natural.

Dar descanso al cuerpo

En ocasiones, las circunstancias te llevarán a tener que estudiar más de lo que tus labios, tus brazos o tu espalda pueden soportar. La proximidad de un compromiso importante, como unas pruebas o un concurso, suele ir acompañada de una acumulación de trabajo que el cuerpo acusa. El estudio mental permite ampliar el tiempo de estudio, ofreciendo un respiro a nuestro cuerpo y reservándolo para los momentos decisivos.

En otros casos, resulta imposible estudiar durante una temporada por cualquier contratiempo. La destacada profesora de violín Maite García, que desarrolla junto con el violinista Sergio Furió un exitoso programa de orquestas juveniles en el Conservatorio Profesional de Música de Carlet, hace uso de la práctica mental en estas ocasiones. Cuando alguno de sus alumnos ha sufrido un accidente y no puede estudiar el violín durante un tiempo (esguince en un brazo, rotura, ...) practica las piezas asignadas mentalmente siguiendo sus indicaciones, y continúa asistiendo semanalmente a sus clases sin apenas interrumpir el ritmo normal de trabajo. La práctica mental resulta en estos casos verdaderamente útil.

Los niños también se benefician de la práctica mental.

Ganar control y seguridad en las actuaciones

La visualización es una potente herramienta para trabajar por anticipado situaciones que exigen un elevado nivel de dominio, como son las actuaciones en público. Imaginarnos a nosotros mismos actuando y realzando aquellas cualidades que nos interesa potenciar (la confianza en nosotros mismos, las ganas de comunicar, el interés por la música...), contribuye a impulsar los recursos que nos conducen a un mejor rendimiento.

Además de las utilidades que acabamos de describir, Aaron Williamon, director del Centro para la Ciencias de la Ejecución del Royal College of Music de Londres, considera que el estudio mental puede ayudar enormemente a la hora de superar dificultades técnicas y musicales, a fijar objetivos a corto, medio o largo plazo y a conseguir un mayor control sobre las emociones negativas. Renate Klöppel, también incluye las siguientes aplicaciones en su libro *Ejercitación mental para músicos*[8]:

8. Klöppel, R. (2005). *Ejercitación mental para músicos*. Idea Música

- ❯ Aprender más rápidamente los movimientos.
- ❯ Mejorar la coordinación de los movimientos.
- ❯ Alcanzar una representación sonora e interpretativa más clara.
- ❯ Aprovechar positivamente momentos de espera.
- ❯ Conseguir una mejor visión de conjunto.
- ❯ Pensar con más exactitud.

En definitiva, la práctica mental está dirigida a la mejora de diversos aspectos de la actividad musical. Algunos de estos aspectos tienen que ver con el estudio, mientras que otros se relacionan con las actuaciones. Sin embargo todos ellos se enmarcan en el contexto del desarrollo de habilidades técnicas, expresivas y personales en el intérprete.

IDEAS CLAVE

- La práctica mental representa una forma alternativa y complementaria de ejercitar habilidades en actividades en las que la destreza corporal es esencial, como en el deporte, la interpretación musical, la danza o el teatro.
- Los circuitos y áreas cerebrales que intervienen en la práctica mental son funcionalmente similares a los que utilizamos en la práctica real.
- Nuestra mente utiliza imágenes para comprender el mundo y para anticipar las acciones que realizamos.
- El material empleado en la práctica mental se compone principalmente de imágenes visuales, sonoras, y cinestésicas, y se complementa con la experiencia emocional.
- Entre otras utilidades del entrenamiento mental se encuentra la lectura de las obras, economizar la acción corporal, reeducar gestos y acciones inadecuados, mejor memorización de las obras, resolver dificultades, explorar cuestiones interpretativas y preparar las actuaciones.

REFLEXIONES

- ¿De qué forma sueles emplear el estudio mental? ¿Qué canal perceptivo sueles utilizar más cuando trabajas mentalmente?

- ¿Qué utilidad le darías a estudiar mentalmente a partir de la información de este primer capítulo?

- ¿Qué aspectos encuentras a favor y en contra del estudio mental?

- ¿Por qué consideras que es necesario estudiar? ¿Qué lugar ocuparía el estudio mental en esta explicación?

- ¿Sueles trabajar las ideas musicales de una obra al margen del instrumento? ¿Qué ventajas piensas que ello te podría aportar?

2

CÓMO LLEVAR A CABO UNA PRÁCTICA MENTAL EFICAZ

En este capítulo nos centraremos en las directrices que nos conducirán a sacar el máximo partido al estudio mental y a la visualización. Posteriormente conoceremos un modelo de visualización que parte del ámbito del deporte y complementa dichas directrices. A partir de este modelo podemos transferir a la actividad musical interesantes recursos.

DIRECTRICES PARA UN BUEN ENTRENAMIENTO MENTAL

«Cuando estudio, imagino lo que quiero conseguir antes de producirlo sonoramente, y elijo las herramientas más convenientes para alcanzar mis objetivos musicales.»

David Apellániz. Cellista.

«Al leer mentalmente sin reproducción real podemos revivir en nuestra mente la imagen acústica diáfana de la composición, lo que estimula nuestros esfuerzos por dominar la obra técnicamente.»

George Kochevitsky (1902-1993) en *The Art of Piano Playing*

¿Cómo hay que estudiar mentalmente o visualizar? ¿Cuánto tiempo debe durar una sesión de este tipo de trabajo?¿Es necesario imaginarse toda la partitura? Muchos músicos se plantean preguntas similares en relación con la práctica mental.

A continuación dispones de una serie de directrices que te ayudarán a realizar sesiones de estudio mental y visualizaciones de más calidad. Estas directrices parten de la experiencia de destacados expertos, y de las conclusiones de un gran número de investigaciones llevadas a cabo en diversas disciplinas. Tómalas como punto de partida, y adáptalas en función de tus necesidades y características personales.

Relaja tu cuerpo y tu mente

Una breve relajación antes de practicar mentalmente nos ayuda a transformar los pensamientos agitados o dispersos, en un foco centrado y claro. El pensamiento excesivamente emocional tiende a distorsionar los hechos, y suele ir acompañado por tensión muscular y una respiración acelerada. Nuestro primer paso para realizar un buen entrenamiento mental consiste por tanto en crear las condiciones idóneas para que cuerpo y mente se comuniquen con fluidez.

Cuando serenamos la respiración y nuestros músculos se distienden, potenciamos de forma efectiva la capacidad de generar imágenes (sonidos, sensaciones corporales, imágenes visuales) y de operar con ellas. Además, desde la quietud que ofrece la relajación, nuestra mente conecta mejor con las sensaciones que parten de nuestros músculos y consigue fusionarlas con las imágenes sonoras. La huella que este tipo de experiencias deja en la memoria es de mejor calidad.

El tiempo destinado a la relajación previa suele ser breve, en torno a los cinco minutos. Además, no es conveniente que la relajación sea excesivamente profunda, lo que nos llevaría a un estado somnoliento incompatible con una elevada actividad intelectual. En el siguiente capítulo dispones de diversas propuestas de relajación que te ayudarán a preparar mejor tus sesiones de estudio mental.

> *Relaja tu cuerpo y tu mente antes de practicar mentalmente. De esta forma tendrás un acceso más fluido a las imágenes que hay en tu interior y podrás operar mejor con ellas.*

Calentamiento mental previo

Una muy buena manera de que tus neuronas se desperecen antes de realizar tu práctica mental, consiste en cerrar un momento los ojos e imaginar objetos que evoquen con facilidad diversos tipos de estímulos sensoriales (vista, tacto, olfato, sabor, oído, cinestesia). Es mis clases en el Conservatorio Superior de Música de Aragón solemos comenzar las sesiones de estudio mental visualizando la acción de pelar y comer una fruta (mandarina, fresa, uva ...). Este ejercicio resulta estimulante, ya que potencia enormemente la capacidad de generar imágenes multisensoriales y añade un afecto positivo a la experiencia (verla, tocarla, olerla, notar su peso, disfrutar de su sabor ...).

A continuación, los estudiantes se visualizan a sí mismos practicando algún elemento técnico a un *tempo* cómodo: notas largas, escalas, arpegios, cromatismos.... Con ello comparan la intensidad y nitidez de las imágenes iniciales (mandarina), con las de su ejecución mental. El reto consiste en que las imágenes de uno mismo haciendo música, sean progresivamente igual de vívidas que las primeras.

Con el tiempo y la práctica podrás prescindir de este calentamiento. Mientras tanto, resulta preferible comenzar las sesiones de entrenamiento mental realizando una sencilla visualización de este tipo.

> **Prepara tu práctica mental imaginando objetos que puedas experimentar de una forma vívida y estimulante empleando diversos sentidos.**

Un propósito definido

Nuestra mente funciona de forma más eficaz cuando disponemos de objetivos claros y definidos. Como vimos en el capítulo anterior, el estudio mental puede estar dirigido entre otros motivos a clarificar las notas de un pasaje confuso, solucionar un problema técnico, o buscar mayor libertad corporal en los gestos que realizamos. En la medida en la que utilizamos la práctica mental y la visualización con un fin concreto, contribuimos a que la experiencia de aprendizaje sea de mayor calidad y nos aporte mayores beneficios.

> **Utiliza el estudio mental para mejorar algún aspecto concreto de tu estudio o de tus actuaciones.**

Combinar con el estudio real

Las investigaciones muestran que combinar el estudio mental con el real ofrece los mejores resultados. Los pioneros estudios sobre la memorización en pianistas llevados a cabo por Grace Rubin-Rabson[9] en 1941,

9. Rubin-Rabson, G. (1941). «Studies in the psychology of memorizing piano music: VI: A comparison of two forms of mental rehearsal and keyboard overlearning.» *Journal of Educational Psychology*, **32**, 593 – 602 .

ya mostraron que combinar los dos tipos de estudio resultaba más efectivo que solo el estudio real.

Visualizar la interpretación de un pasaje o de una obra contribuye enormemente a clarificar qué es aquello que se pretende lograr. Es una especie de incursión imaginaria que marca el camino a seguir. El procedimiento básico de trabajo combinado consiste en pasar mentalmente un fragmento y ejecutarlo físicamente a continuación. La pasada mental ayuda a clarificar la acción musical, y a permanecer más receptivos a la hora de supervisar los resultados en la ejecución real[10].

David Apellániz, solista y profesor de cello en el Conservatorio Superior de Música de Aragón utiliza el estudio mental combinado con el estudio real cuando prepara sus actuaciones. La tarea principal en su estudio mental consiste en contextualizar el material musical y reflexionar sobre cómo quiere que sea una determinada articulación, el timbre o el color del sonido en una frase, o el gesto empleado, todo ello en función de la obra que trabaja. Apellániz también reflexiona sobre los medios y las herramientas que necesita emplear para alcanzar con éxito sus objetivos interpretativos

El cellista David Apellániz incorpora de forma efectiva el estudio mental en la preparación de sus actuaciones.

10. Holmes , P. (2005). Imagination in practice: A study of the integrated roles of interpretation, imagery and technique in the learning and memorisation processes of two experienced solo performers. *British Journal of Music Education* , 22 , 217 – 35 .

El lema clave en el trabajo de este destacado intérprete es *imaginar antes de producir*. Es decir, crear una representación mental clara de aquellas características que conforman una interpretación de máxima calidad. A partir de aquí viene el trabajo empírico, la práctica real con el cello. A través de una escucha atenta y exigente, Apellániz realiza los ajustes pertinentes que acaban de dar forma a su propuesta interpretativa. El resultado de esta combinación de estudio mental y físico, que ha ido perfeccionando con el tiempo, se refleja en una preparación para las actuaciones más ágil y efectiva.

> **Combina el trabajo mental con la acción real. Esto te aportará una retroalimentación positiva beneficiosa para los dos tipos de práctica.**

Supervisar la calidad de lo que imaginamos

La mente funciona en parte como el motor de búsqueda del Google o el Safari. Cuando pulsamos la tecla «enter», nuestra mente se activa persiguiendo aquello que escribimos en la casilla correspondiente. Si lo que imaginamos en nuestro estudio mental contiene errores, es muy probable que lo que obtengamos en la ejecución real también los incorpore. Durante la práctica mental conviene por tanto realizar continuas evaluaciones de la calidad y la corrección de sus contenidos. Tal como comenté en *Cómo preparar con éxito un concierto o audición*, establecer un criterio de calidad en relación con diversos parámetros (sonoros, corporales y psicológicos) y comprobar continuamente su cumplimiento, representa una gran ayuda en el estudio.

A través de preguntas sencillas podemos incidir y mejorar continuamente la calidad de nuestro estudio mental. Aquí tienes algunos ejemplos:

Evaluaciones sonoras

▶ ¿Era preciso el ritmo en todo el pasaje?
▶ ¿Podía imaginarme la calidad del sonido que quiero alcanzar?
▶ ¿Estaban afinadas las notas centrales?
▶ ¿Le he dado el carácter que quiero a la frase?

Corporales

▶ ¿Me he imaginado a mi mismo interpretando este pasaje con libertad en mis hombros?
▶ ¿Tenía bien colocadas las manos y en una buena disposición?
▶ En este caso nos preguntaríamos si tanto la imagen visual de las manos como su estado interno (muscular) eran los deseados.
▶ ¿Estaba en una buena postura?
▶ Podemos utilizar imágenes visuales y sensaciones internas asociadas a una buena postura. En el capítulo 5 nos centraremos en esta cuestión.

Psicológicas

▶ ¿Estaba concentrado al 100% mientras trabajaba el pasaje?
▶ ¿Tenía una buena sensación al trabajar?
▶ ¿Se ajusta el nivel de dificultad de la visualización a mis habilidades actuales?

Cuida la calidad y corrección de tu práctica mental en relación con lo sonoro, lo corporal y lo psicológico.

De lo sencillo a lo complejo

Con el fin de obtener las mejores experiencias, y puesto que existe una enorme variabilidad individual, es preferible que cada músico diseñe sus sesiones de estudio mental en función de su habilidad o capacidad momentánea.

Por lo general, cuando partimos de unidades de trabajo sencillas contribuimos a generar experiencias óptimas, ya que podemos ejercitar mejor tanto la visualización como las habilidades que pretendemos desarrollar. Si divides una dificultad o un pasaje en componentes más sencillos y los visualizas a una velocidad que te permita representarte con claridad sus elementos, generas unas excelentes condiciones de práctica. Descompón el material de trabajo por tanto, en unidades más abarcables.

En ocasiones, en tu estudio real necesitarás trabajar a una velocidad lenta para descifrar un pasaje complejo y comprenderlo. En este caso, realiza también pasadas lentas en tu mente con el afán de integrar y dominar el pasaje desde tu pensamiento. Progresa poco a poco a partir de ahí, y adecúa de forma inteligente el nivel de dificultad de la tarea que visualizas al de la ejecución real, teniendo siempre presente que lo que visualices sea correcto.

Cuantas más experiencias exitosas reúnas en tus primeras aproximaciones al estudio mental, más probabilidades se darán de hacer de esta eficaz herramienta una fuente de mejora en tu estudio y en tus actuaciones. El sentimiento de autoeficacia es realmente importante y alimentará tu motivación por la visualización.[11]

 A través de unidades sencillas de trabajo podrás iniciar y desarrollar mejor tus competencias en la práctica mental.

Sesiones breves

Es recomendable realizar sesiones breves de estudio mental puesto que el nivel de concentración requerido es elevado. La experiencia demuestra además que quedarse con una buena sensación después de trabajar mentalmente contribuye a perseverar en este tipo de práctica, lo que evidentemente conduce a una mayor efectividad. Por lo general, las sesiones de estudio mental o visualización no deberían exceder los diez o quince minutos, aunque en intérpretes más experimentados puede ampliarse este margen.

Las sesiones de estudio mental breves contribuyen a mantener una mejor concentración, e incrementan la motivación para seguir realizándolas.

11.Pintrich, P.R. y Schunk, D.H. (2006). *Motivación en contextos educativos*. Madrid, Pearson.

Experiencias casi reales

Las investigaciones muestran que cuanto más nítidas y realistas son las visualizaciones, más eficaces resultan. Por ejemplo, si estamos trabajando mentalmente aspectos que tienen que ver con el gesto o el movimiento, nos interesa «ver» y sentir con nitidez los brazos o las manos en acción, el contacto táctil con el instrumento, o el sonido asociado a ese gesto.

Si realizamos una visualización para preparar una actuación en público, es recomendable contar con todos aquellos aspectos que estarían presentes en la situación real (iluminación, indumentaria, acústica, público, emociones ...). En ocasiones se aconseja hacer uso de elementos externos que contribuyan a introducirnos más en el rol representado, como por ejemplo, realizar la visualización con la indumentaria que llevaríamos en una actuación. Dependiendo del propósito para el que realicemos la práctica mental nos convendrá ponderar unos aspectos u otros.

Incorpora en tus visualizaciones imágenes nítidas que evoquen o te conecten al máximo con la acción real.

Realizar la visualización con la indumentaria de la actuación incrementa la sensación de realismo y hace más efectivo este trabajo.

UN MODELO DEPORTIVO DE VISUALIZACIÓN

«Encuentro muy buena idea imaginar que estás actuando, de esta manera le das forma a aquello que necesitas en el escenario.»

Vladimir Ashkenazy. Pianista

Desde hace años, el mundo del deporte aplica con extraordinarios resultados gran parte de los avances que la psicología ha experimentado en relación con la mejora del rendimiento. El elevado nivel de precisión al que tienen que rendir atletas y deportistas de élite, tanto en el plano físico como en el mental, hace necesario la utilización de herramientas de preparación verdaderamente efectivas.

El volumen creciente de investigaciones y modelos teóricos en relación con la visualización en el deporte, dio lugar en 2001 a un modelo guía que sintetiza los elementos clave que permiten sacar el máximo partido a esta técnica. El modelo se denomina PETTLEP, acrónimo formado por las primeras letras en inglés de sus componentes, y fue creado por los psicólogos deportivos Paul Holmes y David Collins.[12] El modelo está basado en la constatación científica de que durante la visualización y la ejecución física real se produce una actividad neuronal similar.

Debido a que se trata de un modelo ampliamente validado y con un gran reconocimiento en el ámbito académico y profesional del deporte, su aplicación a la actividad musical genera un creciente interés. El principio básico de este modelo consiste en aportar la mayor viveza y realismo a las visualizaciones, hecho que se refleja en sus componentes, que pasamos a enumerar brevemente a continuación:

1. Naturaleza física del movimiento

Cuantos más elementos físicos relacionados con la actividad se incluyen en la visualización, más nos acercamos a la experiencia real, y mejores resultados encontramos en su aplicación. David

---

12. Holmes, P. S., & Collins, D. J. (2001). The PETTLEP approach to motor imagery: A functional quivalence model for sport psychologists. *Journal of Applied Sport Psychology*, 13(1) 60-83.

James y Dave Smith,[13] de la Universidad Metropolitana de Manchester, recomiendan realizar durante la visualización movimientos reducidos asociados a la ejecución, como por ejemplo el gesto de bajar las llaves del saxo. Cuanto más real sea para nuestro cerebro la experiencia corporal, mayor similitud con la realidad presentarán los procesos neurológicos que realice. Incorporar las sensaciones físicas asociadas a las acciones musicales (sensaciones musculares o cinestésicas) contribuye también a realizar mejores visualizaciones.

El solista de clarinete José Franch Ballester, formado en el Curtis Institut de Filadelfia, incluye el estudio mental y la visualización como parte destacada de su actividad musical. En una fase inicial de trabajo, José Franch lee mentalmente una nueva obra a un *tempo* lento, lo que le permite reconocer con claridad las notas. En la medida en la que avanza en este trabajo, se sirve de un lápiz o de su dedo pulgar flexionado sobre la palma de la mano con el fin de simular la acción de sus manos, como observamos en la figura de abajo. En lugar de levantar los dedos, Franch realiza una ligera presión contra el pulgar con sus yemas, organizando así los impulsos que envía a cada dedo. De esta forma consigue controlar más efectivamente esta parte del proceso de su estudio mental.

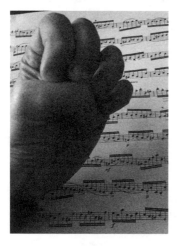

Forma de practicar mentalmente empleada por el intérprete José Franch.

13. Wright , D. J. y Smith, D. (2014). «Using PETTLEP imagery to improve music performance: A review.» *Musicae Scientiae*. Vol. 18 no. 4 448-463.

Poco a poco el trabajo que realiza este solista internacional evoluciona hacia la búsqueda de la expresión, o de una textura sonora determinada. Igual que un pintor, José Franch imagina las direcciones musicales, los puntos de tensión y otros elementos sonoros que acompañan la acción del clarinete en la partitura. Una vez realizada esta práctica mental, el paso siguiente consiste en tocar la obra con el instrumento a una velocidad lenta, con el fin de hacer suyas las notas con comodidad y con suficiente tiempo para procesar la experiencia. Según comenta Franch, la práctica mental le permite llegar a los ensayos con mucho trabajo adelantado, y le otorga la posibilidad de mejorar enormemente la calidad de sus resultados.

2. Particularidades del ambiente

Siguiendo con el principio de alcanzar el mayor realismo posible en las visualizaciones, el modelo PETTLEP aconseja incluir en las mismas todo lujo de detalles relacionados con el lugar donde se llevará a cabo la ejecución real, como los aspectos que hemos visto en la directriz 8 (iluminación, indumentaria, acústica, público). Los creadores del modelo aconsejan emplear vídeos o fotografías cuando no es posible acceder a al lugar concreto de la actuación.

3. Tipo de tarea

Este componente incide en el hecho de que exista una gran correspondencia entre la tarea imaginada y la real. Es decir, en lugar de realizar visualizaciones estándar, es preferible personalizarlas y ajustarlas al máximo a la acción que se quiere trabajar o mejorar. Esto implica seleccionar el propósito para el que queremos visualizar, y adecuar el grado de dificultad de la tarea al nivel de dominio de cada persona.

4. Ajuste temporal

Con el fin de obtener el máximo beneficio de las visualizaciones, el modelo PETTLEP propone que la velocidad empleada en las mismas sea similar a la velocidad de la acción real. Si por ejemplo visualizamos una próxima actuación en público, el *tempo* utilizado en la visualización debe ser el definitivo. Si practicamos determinada habilidad técnica, es preferible trabajar mentalmente a un *tempo* similar al que adoptaríamos en la práctica física. Ayudarse de un metrónomo durante las visualizaciones representa una buena ayuda para conseguirlo.

5. El aprendizaje

Al visualizar también conviene seguir los pasos que tienen lugar durante un buen proceso de aprendizaje. Es decir, el estudio mental se adapta y actualiza en función del nivel de maestría que alcanzamos con las obras y el material que trabajamos. Con el tiempo y la práctica, las visualizaciones evolucionan también hacia un mayor nivel de dominio.

6. La emoción

La visualización debería incorporar aquellos aspectos emocionales que están presentes en la ejecución real. Al conectar con tu experiencia emocional, sea esta musical o situacional, resulta más factible mejorar diversos aspectos de la misma. Por otro lado, atender al significado personal de un acontecimiento concreto (concierto, prueba, audición ...) genera un interesante contexto emocional que nos conecta con él por anticipado.

7. La perspectiva

Este último componente del modelo PETTEP nos emplaza a elegir la perspectiva utilizada en la visualización. En el contexto musical se suele utilizar la perspectiva interna (en 1ª persona) para el estudio mental y para imaginarse actuando en diversas situaciones. La perspectiva externa (en 3ª persona) se emplea generalmente para corregir o mejorar los gestos realizados, la postura, o trabajar sobre la presencia escénica.

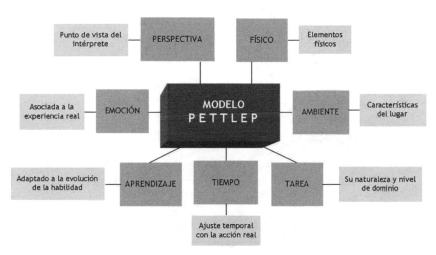

Cuadro resumen del modelo PETTLEP de Holmes y Collins (2001).

A diferencia de lo que sucede en el deporte, en el contexto musical no disponemos de un volumen amplio de investigaciones que certifiquen la validez del modelo PETTEP. Sin embargo, las líneas maestras que nos ofrece este modelo representan una prometedora referencia en relación con la mejora de la calidad de las visualizaciones que realizamos en la música. En esencia, lo que el modelo PETTEP propone consiste en individualizar la práctica mental, ser específicos, y sobre todo, que en nuestras visualizaciones generemos aquellas condiciones que nos conecten al máximo con la acción real.

IDEAS CLAVE

- Para realizar un trabajo mental eficaz y generar imágenes de mayor calidad conviene partir de una breve relajación que contribuya a establecer un canal fluido de comunicación cuerpo-mente.

- Disponer de un propósito definido al realizar la práctica mental, ayuda a maximizar los recursos empleados.

- Los mejores resultados en el estudio mental se consiguen al descomponer el material a trabajar en elementos más sencillos, a la vez que se realiza un avance progresivo y supervisado.

- La combinación y adecuación del estudio mental con el estudio real contribuye a obtener el máximo beneficio de ambos tipos de práctica.

- Las visualizaciones individualizadas y ricas en detalles permiten ejercitar mejor aquellas habilidades que cada persona necesita.

- La práctica mental supone un extraordinario ejercicio de concentración y permite desarrollar nuestras habilidades ejecutivas.

REFLEXIÓN

- ¿Cómo crearías las mejores condiciones para iniciar una sesión de estudio mental?

- ¿De qué manera rebajarías un nivel de agitación o dispersión nada propicio para este tipo de práctica?

- ¿Qué crees que sucede en la mente cuando tenemos un propósito definido a la hora de realizar una tarea determinada?

- ¿De qué formas diferentes combinarías el estudio mental con el real con el fin de sacarle el máximo provecho a ambos?

- ¿Qué posibilidades se te ocurren para simplificar la dificultad del estudio mental en un pasaje?

- ¿Qué actitud necesitas desarrollar en tu práctica mental con el fin de comprobar que lo que representas es correcto?

3

PREPARATIVOS

En este capítulo vamos a crear las condiciones idóneas para practicar mentalmente. En primer lugar conoceremos diversas propuestas de relajación con las que estrechar los lazos cuerpo mente y suscitar un estado tranquilo y atento. Después pasaremos a entrenar nuestra generación de imágenes en diferentes modalidades sensoriales mediante sugestivos «estiramientos mentales».

RELAJANDO EL CUERPO Y LA MENTE

«Tu mente responderá a la mayoría de tus preguntas si aprendes a relajarte y a esperar la respuesta.»

William S. Burroughs (1914-1997)

Resulta más fácil generar imágenes y operar con ellas cuando nos encontramos relajados y atentos al mismo tiempo. Por ello, el hábito de comenzar las sesiones de práctica mental con una breve relajación nos acercará a un estado de quietud desde el que realizar una actividad cognitiva más nítida y fértil.

La regulación de nuestro nivel de activación

Una forma de entender mejor el estado de relajación conveniente para realizar las visualizaciones consiste en referirnos al llamado *arousal*, o nivel de activación. El nivel de activación indica el grado de respuesta de una persona ante diversas situaciones, y podemos cuantificarlo en tres niveles:

▶ Físico: nivel de tensión muscular, pulso cardiaco, sudoración, respiración ...
▶ Conductual: acciones físicas y verbales.
▶ Cognitivo/emocional: cantidad y tipo de pensamientos, imágenes mentales, auto-diálogo, emociones.

Cuando por ejemplo hacemos una pequeña pausa después de comer, los parámetros de nuestro nivel de activación indican valores bajos en los tres niveles citados anteriormente: gran relajación muscular, respiración más pausada, conducta reducida, pensamientos tranquilos ... Por el contrario, en situaciones que generan inquietud, como por ejemplo estar a punto de perder un avión, o justo antes de realizar una actuación en público, los indicadores del nivel de activación se encuentran por lo general elevados: incremento de la tensión muscular, respiración acelerada, pensamientos amenazantes, acciones numerosas y rápidas, emociones de temor... El nivel de activación varía en función de las situaciones y de diversas variables personales.

Conocer cuál es nuestro nivel de activación en relación con nuestra actividad musical (estudio, ensayos, actuaciones), y compararlo con aquel que nos permitiría un mejor rendimiento, puede aportarnos una información muy valiosa. Además, una vez identificado nuestro nivel de activación particular, necesitamos ser capaces de subirlo o bajarlo voluntariamente con el fin de situarnos en la franja de mejor desempeño musical.

En este contexto de ajuste se encuentra la práctica de la relajación previa a nuestras sesiones de práctica mental. A través de la respiración, la consciencia y nuestra propia guía desde el pensamiento, podremos encontrar el camino por el que serenar el cuerpo, centrar nuestra mente y disponernos para generar imágenes más nítidas.

Un interesante beneficio

Cada vez que practicamos adecuadamente una relajación (lo que implica dirigir la atención, supervisar la respiración, comprobar la ausencia de tensiones...) ejercitamos implícitamente la capacidad de gestionarnos y desarrollar las llamadas funciones ejecutivas, que la neurociencia sitúa en los lóbulos frontales de nuestro cerebro. Las habilidades ejecutivas nos permiten entre otras cosas:

▶ Establecer metas.
▶ Planificar acciones.
▶ Dirigir nuestra atención.
▶ Autorregularnos al realizar tareas con el fin de llevarlas a cabo de forma eficaz.
▶ Reflexionar sobre nuestro rendimiento (metacognición)[14].

Tanto la práctica de la relajación previa como las sesiones de estudio mental que empezaremos a practicar en el próximo capítulo, suponen un ejercicio extraordinario de estas facultades que tanto enfatiza la psicología cognitiva. Este trabajo personal requiere autocontrol y dominio de uno mismo, y a su vez activa una serie de circuitos neuronales que también resultan muy útiles en otras facetas de la actividad musical.

Objetivos de la relajación previa

❑ Conseguir situarnos en un estado corporal de equilibrio en el que no haya tensión muscular innecesaria.

❑ Conseguir un estado mental que nos capacite para trabajar eficazmente desde el pensamiento, generando imágenes en diversas modalidades sensoriales y operando con ellas.

14. Si te interesa el tema de la metacognición musical, en la red puedes encontrar la investigación que llevé a cabo con motivo de mi tesis doctoral. También puedes consultar un artículo mío que habla sobre este interesante tema en el contexto de la educación musical.

García Martínez, R. (2010). *Evaluación de las estrategias metacognitivas en el aprendizaje de contenidos musicales y su relación con el rendimiento académico musical.* Tesis doctoral. Universidad de Valencia Ediciones.

García Martínez, R. (2014). «Metacognición y aprendizaje musical: el valor de la reflexión.» *Música y Educación.* Vol. 27, 3 (Octubre 2014). Núm. 99, Págs. 12-18.

Herramientas

☐   La consciencia. La respiración. La autorregulación.

Instrucciones previas

☐   La posición corporal idónea para realizar este tipo de relajación breve es sentado con:

> * La espalda erguida y apoyada en el respaldo.
> * Los hombros relajados y abiertos.
> * La cabeza alineada y centrada sobre los hombros.

☐   Nuestra tarea principal consiste en soltar cualquier tensión innecesaria que identifiquemos en nuestro interior, sea corporal, mental o emocional.

Puesto que existe una amplia variabilidad individual, a continuación dispones de tres propuestas diferentes de relajación. Elige aquella que mejor te funcione, o si lo prefieres, varía de relajación en sucesivas ocasiones. Con el fin de hacer más fluida la práctica puedes grabarlas y escucharlas posteriormente, o bien memorizar su procedimiento.

Relajación 1: Niveles de tensión en las manos

- Esta relajación se centra en regular el nivel de tensión muscular en las manos. Resulta muy efectiva, puesto que permite conectar mente y cuerpo de forma dinámica.

- Mientras estás sentado y mantienes la espalda erguida pero apoyada en el respaldo de la silla, cierra los ojos y céntrate por unos momentos en tu respiración. Toma y expulsa el aire por la nariz, puesto que de esta forma te sentirás más calmado.

- Dirige ahora tu atención a las sensaciones de la mano izquierda. Cierra el puño y piensa en una gradación de tensión del puño izquierdo que vaya de un 0 (puño cerrado, pero mano y dedos relajados) al 5 (cerrar el puño con la máxima tensión).

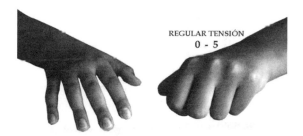

- Centra tu atención en las sensaciones musculares de la mano y los dedos mientras realizas diferentes niveles de intensidad: 3, 1, 2, 4... Mantente unos cinco segundos en cada nivel de intensidad, y nota especialmente en tu mano la transición de un nivel de intensidad a otro.

- Comprueba que tus hombros continúan libres y abiertos mientras sigues experimentado con diferentes intensidades.

- Prueba ahora a realizar la experiencia con las dos manos. Ejemplo: Mano izquierda 1, derecha 3. Derecha 3, izquierda 2. Izquierda 2, derecha 4... Lleva a cabo la experiencia de forma tranquila y placentera, como si se tratase de un juego de sensaciones internas.

- Después de un rato (2-4 minutos), concluye con un nivel 0 en ambas manos. Siente tus dedos y manos en reposo, vuelve a centrarte unos momentos en la respiración, y concluye la relajación.

Relajación 2: Escaneo corporal.

La clave de esta relajación se encuentra en la manera en la que diriges la atención a través de tus sensaciones corporales. Al llevar tu atención a diferentes partes del cuerpo con suavidad y claridad consigues ejercer un control fluido y libre sobre su estado. El resultado se traduce en una respuesta de relajación natural que nos aporta bienestar y equilibrio.

- Mientras estás sentado y mantienes la espalda erguida pero apoyada en el respaldo de la silla, cierra los ojos y céntrate por unos momentos en tu respiración.

Zonas de contacto

- Revisa las zonas de contacto con la silla: siente los glúteos sobre el asiento y la espalda en contacto con el respaldo. Los puntos de apoyo y soporte del peso del cuerpo en esta posición permitirán a tu musculatura soltarse y descargar las tensiones. Si piensas que la silla contribuye a sostenerte, tu sensación de seguridad y descanso también se incrementará.

- Asocia el contacto de la parte superior de tu espalda con el respaldo con la apertura natural de los hombros. De esta forma facilitas la entrada y salida del aire y contribuyes al restablecimiento del equilibrio en tu cuerpo.

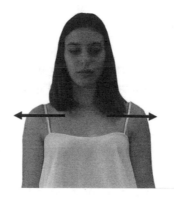

Partes del cuerpo

• Céntrate en las sensaciones de tus pies. Comprueba si aprecias alguna diferencia entre las sensaciones del pie izquierdo o el derecho.

• Siente ahora tus piernas y deja que tu mente las recorra en toda su extensión, desde los tobillos hasta la articulación de la cadera. Piensa que puedes dejar y soltar tus piernas.

• Nota ahora la zona del vientre, y permite que se mueva con libertad como parte integrada de tu respiración.

• Vuelve a notar el contacto de tus glúteos con el asiento, y a partir de esta sensación recorre internamente la parte inferior de tu espalda hasta llegar poco a poco a la zona dorsal y a los hombros.

• Deja libre tu caja torácica y siente como los hombros permanecen sueltos y abiertos.

• Desde la sensación de tus hombros, nota el estado de tus brazos recorriéndolos internamente hasta las muñecas. Recuerda que si identificas cualquier pequeña tensión muscular, simplemente tienes que soltarla, dejarla ir.

- Realiza un recorrido interno por tus manos sintiendo las palmas, la zona de los nudillos y los dedos. Piensa que ejerces un control natural sobre tus manos, y que ahora has elegido mantenerlas libres, sin tensión. Comprueba que es así.

- Antes de continuar escaneando internamente tu cuerpo, tómate unos segundos para volver a la respiración. Siente como el aire entra y sale con calma por la nariz.

- Dirige ahora tu atención a la cara. Siente la frente, en especial la zona central entre las cejas, y nota su distensión. Comprueba que la boca, la zona maxilar y la mandíbula se encuentran libres.

- Ahora que ya has efectuado un recorrido general por tu cuerpo, deja que tu atención vaya a la zona que prefiera.

- De vez en cuando, vuelve también a las sensaciones de contacto con la silla, ya sea con el respaldo o con el asiento.

- Tras unos momentos disfrutando del contacto calmado con tus sensaciones internas, puedes concluir la relajación.

Relajación 3. Seguir la respiración

En esta relajación nos centramos en mantener el foco de nuestra atención en las sensaciones que experimentamos momento a momento al respirar. En lugar de tomar aire de forma forzada, deja que la inspiración suceda espontáneamente. La respiración profunda y abdominal se ha mostrado especialmente beneficiosa para producir un efecto calmante.

- Las primeras veces que practiques esta relajación coloca una mano encima de tu pecho y la otra sobre el abdomen (ver la imagen de abajo). Esto te ayudará a supervisar que tu respiración es realmente abdominal. Comprueba que al tomar aire, la mano que en mayor medida se desplaza es la que se encuentra sobre el abdomen.

- Mientras estás sentado y mantienes la espalda erguida pero apoyada en el respaldo de la silla, cierra los ojos y céntrate por unos momentos en tu respiración. Toma el aire y suéltalo preferentemente por la nariz.

- Toma consciencia de la posición corporal en la que te encuentras e identifica a partir de tus sensaciones corporales dónde se encuentra tu nariz. Siente entonces como entra y sale el aire por ella.

- Cuando inspires, sé consciente de que inspiras. Cuando sueltes el aire, sé consciente de que lo sueltas.

- Después de comprobar que tus hombros siguen sueltos y abiertos comienza a contar mentalmente 4 tiempos para tomar aire, y otros 4 para soltarlo. Mantén un *tempo* tranquilo (50-60 la pulsación, si utilizáramos un metrónomo).

- Deja que la respiración suceda con naturalidad mientras la experimentas plácidamente.

- Tras unos cuantos ciclos, aumenta una pulsación el tiempo que dedicas a soltar el aire: 4 tomar - 5 soltar; y posteriormente 4 tomar y 6 soltar. Mantente unos cuantos ciclos en esta última proporción.

- Permanece en una actitud de observación de lo que sucede: la entrada del aire, los movimientos de vaivén que se producen en tu vientre al entrar y salir el aire, la salida del aire, tu posición corporal en la silla ...

- Si te mantienes centrado en notar la entrada y salida del aire en tu cuerpo la experiencia te resultará muy gratificante.

- Concluye la relajación tras un par de minutos.

Dedicar un momento a tomar consciencia de ti mismo y a establecer un fluido canal de comunicación entre tu cuerpo y tu mente, representa una aportación beneficiosa para ti mismo y para la música. Mediante la práctica de la relajación dispones de una herramienta eficaz para reducir los niveles elevados de activación que interfieren, tanto en tus sesiones de estudio como en otras circunstancias. Recuerda que utilizas tu cuerpo y tu mente para hacer música, y que ambos necesitan situarse en un nivel óptimo de revoluciones con el fin de obtener los mejores resultados.

CALENTAMIENTO MENTAL

> «La imaginación es el principio de la creación.
> Imaginamos lo que deseamos, queremos lo que imaginamos y,
> por fin, creamos lo que queremos.»
> *George Bernard Shaw (1856-1950).*

Si no posees una gran experiencia con la visualización, comenzar las sesiones con un breve calentamiento mental te ayudará enormemente. Esta preparación consiste en evocar y jugar con diversas modalidades sensoriales mediante imágenes vívidas y estimulantes que acomoden el camino al trabajo posterior con pasajes y obras musicales.

A continuación dispones también de tres propuestas con las que ejercitar y estimular tus habilidades de visualización. Pruébalas y quédate con aquellos elementos que mejor incentiven tu generación de imágenes. Memoriza el procedimiento, o bien utiliza una grabadora con el fin de reproducir sin interferencias la guía de la visualización.

La posición corporal idónea para realizar el calentamiento es igual a la que hemos empleado para la relajación.

Calentamiento mental 1. Saborear una mandarina

Incluir en las visualizaciones múltiples elementos sensoriales las hace más estimulantes. Si en ellas utilizas por ejemplo la acción de comerte una fruta u otro alimento, activarás tus dotes imaginativas con potencia.

- Cierra los ojos para céntrate por unos momentos en tu respiración y en el estado interno de tu cuerpo.

- Después de unos segundos visualiza una mandarina. Distingue cualidades como la forma, el color, tamaño ...

- Obsérvala desde arriba y desde los lados. Ve cambiando tu punto de observación.

- Imagina ahora que coges la mandarina con tu mano derecha. Nota la textura de su piel y evalúa su ligero peso. Obsérvala desde más cerca.

- Comienza a pelar la mandarina con tus manos. Siente esta acción en tus dedos mientras notas la suave resistencia de la piel al romperse, su textura.

- Observa la mandarina completamente pelada fijándote en detalles como las pielecitas blancas, la forma de los gajos...

- Coge un gajo de la mandarina y llévalo a tu boca. Siente como se deshace en su interior mientras lo saboreas e incluso hueles. Disfruta de la experiencia refrescante.

- Realiza la misma operación con un par de gajos más, deja lo que queda de la mandarina sobre una mesa y concluye la visualización.

Estiramiento mental 2. Afinar el instrumento

Esta visualización incluye sonidos y acciones, y representa una buena manera de adentrarnos mentalmente en el ámbito de la altura de los sonidos.

- Cierra los ojos y céntrate por unos momentos en tu respiración y en el estado interno de tu cuerpo.

- Pasados unos segundos imagina el estuche o funda donde se encuentra tu instrumento (pianistas, simplemente abrir la tapa).

- Visualiza paso a paso cómo sacas tu instrumento del estuche. Incluye imágenes visuales, la sensación del tacto de los materiales que toques, la sensación al abrir el estuche o el de peso de la funda.

- Una vez fuera, monta tu instrumento (flauta, clarinete, oboe), o realiza los ajustes habituales (colocar la almohadilla, ajustar la pica...).

- Cuando hayas concluido esta tarea observa tu instrumento. Hazlo desde diferentes ángulos (de frente, de lado, desde arriba...). Fíjate en su color, forma, partes (cabeza, clavijas, cuerdas, voluta, llaves, boquilla...).

- Disponte a ahora a afinar tu instrumento. Imagina que tienes un afinador electrónico que te indica visualmente si la nota está baja, afinada o alta. Si eres pianista, conviértete por un momento en afinador profesional de pianos y utiliza una de las llaves al uso. Imagina la acción de apretar la tuerca mientras le das a la tecla correspondiente.

- Prueba a afinar la nota que suelas tomar de referencia con tu instrumento:

* Imagina que está un poco baja y ve subiéndola poco a poco. Haz corresponder la imagen del indicador del afinador con la altura del sonido que escuchas en tu mente.
* Con el fin de experimentar tu escucha interna, sube la nota un poco más de lo que sería su afinación correcta.
* Después de haber exagerado la altura quédate finalmente en la afinación correcta.

• Afina algunas notas más:

* Si eres instrumentista de cuerda afina el resto de cuerdas.
* Afina preferiblemente notas que se correspondan con la cuarta, quinta u octava del la de referencia.

• Cuando te encuentres satisfecho con la afinación de tu instrumento concluye el ejercicio.

Estiramiento mental 3. Imágenes por sentidos

Esta visualización te permitirá trabajar con imágenes de cada uno de los sentidos corporales incluido el sentido cinestésico (información referente a la postura, posición de las diferentes partes del cuerpo, nivel de tensión muscular). A continuación dispones de una propuesta, pero te invito a que generes de forma creativa tus propias imágenes y acciones a partir de tu propia experiencia. Concédete unos cuatro segundos para cada imagen. Si grabas en audio la secuencia podrás realizar un trabajo más dinámico.

Imágenes visuales

• Imagínate un bombilla apagada y otra encendida.

• Una margarita.

• Una pompa de jabón.

• Una copa de cristal.

Visualiza una acción con cada objeto: desenroscar una bombilla apagada, la acción de encender una bombilla, entregar a alguien un ramo de margaritas...

Imágenes táctiles

• Imagínate que acaricias a un animal.

• Sumerges tu mano en el agua fría de un río.

• Aprietas un pan crujiente y caliente.

• Coges una piña de un árbol.

Visualiza más acciones y elementos a partir de las imágenes propuestas: la sensación de acariciar un perro que jadea, el agua del río que cambia de temperatura, añádele a la acción de coger la piña la sensación pegajosa de la resina en tus dedos...

Imágenes cinestésicas

• Imagínate a ti mismo dirigiendo una orquesta.

• Aplaudiendo.

• Imagina que estás haciendo el pino.

• Poniendo los brazos en cruz.

Complementa estas imágenes incorporando más sentidos: escucha como sonaría la orquesta al dirigirla, al hacer el pino imagina también el contacto de tus manos sobre el suelo y viéndolo todo al revés...

Imágenes olfativas

• Imagina el olor de un vino tinto.

• El olor del aire puro del monte o de la playa.

• El olor de una colonia o perfume que te guste.

• El olor a café recién hecho.

Añádele un contexto a cada imagen: oliendo una copa de vino en un restaurante, oler el perfume de una persona que te parezca atractiva....

Imágenes del gusto

- Imagínate comiendo espagueti carbonara.
- Masticando un trozo de pan crujiente.
- Bebiendo un vaso de agua mineral.
- Imagina el sabor de un helado de limón.

Incorpora un escenario diferente para cada sabor: comiendo un plato de espagueti carbonara por la noche en una agradable terraza en el Trastevere de Roma, comiendo un pedazo de pan en el camino de vuelta de la panadería...

Imágenes auditivas

- Imagina el sonido de una banda de música haciendo un pasacalle.
- El sonido de un triángulo.
- El sonido de un trueno.
- El sonido de unos aplausos.

Prueba a modificar la intensidad de las imágenes sonoras: la banda de música alejándose, el sonido del triángulo solo y después incorporado en un fragmento de una obra sinfónica...

El objetivo de las tres propuestas que acabamos de ver consiste en incentivar la capacidad de generar imágenes en cualquier canal sensitivo, y descubrir la posibilidad de operar con ellas (transformarlas, combinarlas, elaborarlas...). Los efectos de la visualización tanto para la mente como para el cuerpo son francamente sorprendentes. Después de un rato de práctica generando imágenes, la sensación suele ser placentera y tranquilizadora, lo que nos anima a dar los siguientes pasos ya en el terreno musical.

Después de dedicar unos momentos a bajar nuestro nivel de revoluciones mediante una breve relajación y tras realizar alguna estiramiento mental sugestivo a modo de calentamiento, nos encontramos en una óptima disposición para seguir avanzando. En el próximo capítulo, ya en la segunda parte del libro, comenzamos nuestro auténtico recorrido por la práctica mental y empezaremos a disfrutar de sus considerables beneficios.

IDEAS CLAVE

- Ser capaces de identificar y regular voluntariamente nuestro nivel de activación nos ayuda a crear condiciones más óptimas para cada tarea.

- Mediante el flujo de información recíproca cuerpo-mente tomamos consciencia de nuestro estado y podemos incidir en él.

- Antes de practicar mentalmente es conveniente realizar una breve relajación. De esta forma activamos mejor los procesos cognitivos encargados de generar imágenes y de operar con ellas.

- Practicar la relajación nos permite a su vez ejercitar funciones ejecutivas que también nos interesan para una buena realización de importantes tareas musicales.

- Cada modalidad sensorial nos ofrece la oportunidad de explorar nuestras posibilidades de visualización.

- Utilizar objetos que evoquen con facilidad diversas modalidades sensoriales activa nuestra disposición para visualizar.

REFLEXIÓN

- ¿Qué partes del cuerpo te resulta más sencillo relajar voluntariamente? ¿Cómo lo consigues?

- ¿Cómo crees que se produce la interacción cuerpo-mente? ¿Cómo puedes incidir positivamente en tu cuerpo desde el pensamiento, y viceversa?

- ¿Puedes regular voluntariamente tu nivel de activación, subirlo o bajarlo en función de tus necesidades? ¿Cómo lo llevas a cabo?

- ¿Qué modalidad sensorial te resulta más clara para visualizar: sonora, táctil, cinestésica, visual...? ¿Puedes combinar varias?

- ¿De qué forma emplearías tu capacidad de generar imágenes en relación con tu actividad musical? ¿Qué crees que te podría aportar?

- ¿Eres capaz de conectar con tus emociones cuando evocas o generas imágenes, sonidos...? ¿De qué crees que depende tu experiencia emocional al visualizar?

SEGUNDA PARTE

4

COMENZAR LA PRÁCTICA MENTAL. PROCEDIMIENTO BÁSICO

Como veremos en este capítulo, los músicos combinan diferentes tipos de imágenes con el propósito de mejorar aspectos relacionados con la interpretación. A través de breves fragmentos aprenderemos a trabajar mentalmente empleando elementos del sonido y del funcionamiento corporal.

IMAGINAR EL SONIDO

«Me gusta estudiar durante un tiempo en el teclado y luego separarme de él por un tiempo, porque entonces tengo esa música dando vueltas en mi cabeza y quiero tocarla mentalmente.»

Jorge Bolet. Pianista.

Con el objetivo de sentar las bases de un trabajo claro y eficaz, vamos a comenzar nuestra incursión por el estudio mental y la visualización de forma sencilla. Para ello nos centraremos inicialmente en el sonido y en la acción corporal, para posteriormente avanzar y explorar interesantes aplicaciones.

Como vimos en el capítulo primero, los esquemas de funcionamiento sonido-acción muscular, son esenciales para llevar a cabo una buena práctica musical, y aportan mayor eficacia y economía en el intérprete. Las investigaciones en neurociencia muestran que el cerebro del músico conecta los sonidos que genera con sus correspondientes acciones musculares (bajar las teclas, pasar el arco, soplar...). Con la práctica musical y el paso del tiempo los circuitos internos que unen el procesamiento auditivo y el del movimiento establecen sólidas conexiones[15].

La práctica mental que vamos a llevar a cabo a continuación incluye tanto el aspecto sonoro como el corporal. En este primer apartado nos centraremos en el sonido, ejercitando la capacidad de imaginar algunas de las múltiples posibilidades que nos ofrece, para incluir posteriormente también el corporal.

Preparación

Es importante crear las condiciones idóneas para realizar una práctica mental eficaz:

- Tras haber realizado una breve relajación y calentamiento mental, asegúrate de que te encuentras en un lugar tranquilo y sin interrupciones.

- La posición corporal aconsejada es sentado, con la espalda erguida con naturalidad y los hombros ligeramente abiertos.

- Las autoinstrucciones verbales te ayudarán a delimitar la tarea que pretendes realizar. Puedes decirte a ti mismo mensajes similares a los siguientes:

    * Voy a practicar mentalmente.
    * Me centro en imaginar sonoramente diversos pasajes.

---

15. En el siguiente artículo, Robert Zatorre, profesor de neurología de la Universidad McGill y experto en cuestiones relacionadas con la visualización, analiza la potente conexión entre el procesamiento auditivo y motor. Zatorre, R.J., J.L. Chen & V.B. Penhune. 2007. «When the brain plays music. Auditory-motor interactions in music perception and production.» *Nat. Rev. Neurosci.* **8**: 547–558.

Imaginar el sonido

* Pasa mentalmente este breve fragmento imaginando cómo sonaría.

* Repítelo un par de veces, como si lo tararearas internamente.

* Experimenta con el *tempo* y prueba a pasar el fragmento a diferentes velocidades: *Allegro - Adagio - Presto ...*

* Ahora le toca el turno a los matices. Vuelve a un *tempo* moderado y juega libremente con diversos matices (*crescendos, diminuendos, forte, piano, mezzo forte* ..).

     Imagina por ejemplo que el 1er y 3er tiempo son *forte* y el 2° y 4° *piano*.

     ¿Has mantenido el *tempo* durante los cuatro compases? ¿Afecta la realización de matices al *tempo*? ¿Reduces o aceleras el *tempo* al llegar al piano?

     Recuerda la importancia de supervisar la corrección de lo que nos representamos mentalmente. Si te parece oportuno puedes experimentar con un metrónomo con el fin de disponer de una ayuda objetiva en relación con el *tempo*.

* Prueba también a realizar alguna variación en cuanto a los valores rítmicos. Introduce puntillos, aumenta o disminuye los valores de algunas notas...

* Vuelve a la versión original y pasa ahora el fragmento con timbres diferentes. Imagínatelo tocado por ejemplo por un

cello. Después por un clarinete. Finalmente por una trompa. Experimenta con otros instrumentos o posibilidades: cantado por un tenor, contralto, bajo o soprano.

    * ¿Qué porcentaje de claridad/nitidez tiene tu representación mental sonora? 100% significa que lo estoy «oyendo» como si fuera real.

    * ¿Qué porcentaje de control tienes sobre tus representaciones sonoras? 100% significa que consigo modificar con facilidad y controlar las características de lo que me imagino.

Aunque se trata de una valoración subjetiva, formular a menudo estas dos preguntas te ayudará a ser más consciente de tus habilidades momentáneas de visualización sonora.

• Ahora ampliamos cuatro compases nuestro fragmento. Pásalo mentalmente imaginando cómo sonaría.

• Experimenta libremente con él. Genera diversas posibilidades de interpretación: incluye diferentes ligaduras y articulaciones, *rubatos, accelerandos, ritardandos,* incluso diferentes estilos musicales (clásico, romántico, barroco...).

• Conecta con tus emociones cuando experimentes con el fragmento. Descubrirás que las elecciones que tomas en relación con cuestiones interpretativas (*tempo,* carácter, intensidad...) influyen enormemente en la vivencia emocional.

• Sigue experimentando con más posibilidades: orquéstalo de diferentes formas, imagínatelo tocado por una jazz band, por un cuarteto de cuerda, por un coro...

Como puedes comprobar, la experiencia de imaginar el sonido nos ofrece la posibilidad de modificar múltiples aspectos en función de nuestras necesidades o gustos. Como vimos en el primer capítulo, nuestra memoria operativa (*work memory*) se encarga de seleccionar elementos de nuestra memoria a largo plazo, y a partir de ellos generamos una gran diversidad de combinaciones y nuevos elementos. Las posibilidades de trabajar mentalmente son por tanto enormes.

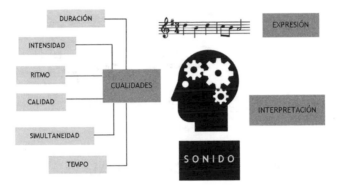

Esquema de la visualización del sonido.

Si eres pianista o tocas cualquier otro instrumento polifónico, el reto de representarte sonoramente la música desde la partitura es evidentemente mayor. El número de ítems por compás (unidades de información) es en ocasiones considerable, lo que exige un gran esfuerzo de concentración. Sin embargo, si te entrenas adecuadamente conseguirás procesar con mayor agilidad un volumen de información cada vez más amplio. Cuando trabajes con acordes, en lugar de tratar individualmente las notas, tu mente agrupará sus elementos por patrones que reconocerá fácilmente. La clave para no desanimarse en esta tarea consiste en partir de experiencias sencillas y exitosas, de forma que no se genere el típico rechazo por saturación. Aumentar muy progresivamente el nivel de dificultad, celebrar los progresos y perseverar en la práctica representan los mejores aliados.

Aquí dispones de un pasaje con el que practicar tu oído interior. Trabaja en función de tu capacidad para representarte con claridad los sonidos. No dudes en proceder compás por compás, o tiempo a tiempo si fuera necesario.

Allegro de la Sonata para piano nº 5 en sol mayor, K.283/189h de W. A. Mozart

VISUALIZAR LA ACCIÓN CORPORAL

> «Si un pasaje parece casi imposible, intenta pensarlo sin tocar. Imagina las sensaciones musculares que tendrías al teclado y ataca las teclas solo mentalmente.»
>
> *Hetty Bolton* en How to Practice, A Handbook for Pianoforte Students *(1937).*

Es posible ampliar los beneficios del estudio mental si incorporamos al sonido la visualización de la actividad corporal correspondiente. Los avances en neuroimagen realizados en los últimos años aportan interesantes evidencias científicas al respecto. Al representarnos una acción corporal mediante la visualización consciente, conseguimos activar en el cerebro las mismas zonas relacionadas con la planificación y la ejecución de los movimientos que lo hacen inconscientemente en la realidad[16]. Este hecho es muy relevante para nosotros, porque nos ofrece la posibilidad de optimizar mediante la práctica mental el funcionamiento de diversos aspectos instrumentales o vocales.

16. Munzert J, Lorey B, Zentgraf K. «Cognitive motor processes: the role of motor imagery in the study of motor representations.». *Brain Res Rev* **60**: 306–326, 2009.

Las dos modalidades sensoriales principales que vamos a utilizar para representarnos la acción corporal son la propioceptiva o cinestésica y la visual. Tanto las sensaciones cinestésicas como las imágenes visuales se complementan no obstante con las sensaciones táctiles, que en el caso de los instrumentistas representan el vínculo de unión del cuerpo con el instrumento musical.

Las imágenes cinestésicas

Cuando hacemos música, los músculos, tendones e incluso la piel, disponen de diminutos sensores que emiten información de su estado (posición, nivel de contracción, movimiento...). Estos diminutos sensores son como los ojos de nuestro interior y forman parte del llamado sentido cinestésico o propioceptivo. Nuestro cerebro procesa estos datos internos, los relaciona con el sonido, y actúa en consecuencia. Grandes intérpretes como el pianista Alfred Brendel[17], se sirven especialmente de su memoria cinestésica (memoria muscular) para llevar a cabo sus interpretaciones.

La visualización cinestésica se enriquece enormemente si incorporamos imágenes concretas del sentido del tacto. Por esta razón, imagina con la mayor viveza y realismo posible las sensaciones de contacto de tus manos con el arco, con las teclas, con las cuerdas, con el instrumento, las sensaciones de tus labios con la caña, o la boquilla. Nuestra mente está diseñada para realizar asociaciones y conexiones continuamente, y cuanto más ricas sean estas, más duradera es la huella que dejan en la memoria.

Visualización cinestésica.

- Iniciamos nuestra práctica pasando mentalmente este nuevo fragmento. Imagina cómo sonaría tocado con tu instrumento. Imagina tu voz si eres cantante.

17. Dubal, David. (1997). *Reflections from the keyboard.* Schirmer Books.

Antes de seguir, clarifica arcos, respiraciones, digitaciones...

• Imagínate a ti mismo ejecutando el pasaje y recreando las sensaciones corporales asociadas a él (el contacto físico con el instrumento, su sujeción, la posición del cuerpo y los movimientos que realiza...). A continuación dispones de algunas de las sensaciones que suelen visualizar los músicos al respecto:

INSTRUMENTOS DE CUERDA

Mano izquierda:

Los movimientos de los dedos. Cómo el dedo pisa la cuerda. La sensación de la mano, el pulgar. La sensación de las distancias en el batidor. Los cambios de posición.

Mano derecha:

El contacto táctil con el arco. La sensación de la posición y del movimiento de la mano, el antebrazo y el brazo al pasar el arco. La acción de los dedos y el contacto de estos con la cuerda (guitarra).

INSTRUMENTOS DE VIENTO

El soporte del aire:

La sensación de impulsar y dirigir el aire (sopla realmente para facilitar la experiencia).

La embocadura:

La sensación de garganta y la formación muscular de la embocadura. La vibración de los labios (viento mental).

Las digitaciones:

La sensación de las manos y dedos. Los movimientos en los cambios de registro.

PIANO/ÓRGANO/ARPA

Las sensaciones de dedos, manos, muñecas, antebrazos, brazos. La sensación de las distancias, aperturas de las manos. Las sensaciones de peso, movimiento, contacto con las teclas o cuerdas. El uso de los pedales.

INSTRUMENTOS DE PERCUSIÓN

La sensación de contacto con las baquetas. La sensación de movimiento y estado muscular de manos, antebrazos, brazos. La sensación de contacto de la baqueta con el parche o láminas. Las distancias.

CANTO

El soporte del aire: la sensación de impulsar y dirigir el aire. La sensaciones asociadas a la vocalización y a la colocación de la voz (resonadores, velo del paladar, mandíbula, zona maxilar...).

▶ ¿Qué porcentaje de claridad/nitidez tiene tu representación corporal interna? 100% significa que lo estoy «sintiendo» como si fuera real.

▶ ¿Qué porcentaje de control tienes sobre tu representación corporal interna? 100% significa que me es posible controlarla y modificarla con total facilidad.

Si no dispones de una gran experiencia con la visualización es recomendable que simplifiques la tarea. Practica por componentes o elementos más sencillos. Puedes imaginarte inicialmente solo la acción de una de las manos, o la sensación de echar el aire (instrumentos de viento o cantantes). En la medida en la que continúes practicando comprobarás que resulta apasionante combinar diferentes funciones, y te sentirás más capaz de imaginar las sensaciones internas de tu cuerpo al hacer música.

Partir de la experiencia real

Otra efectiva forma de acercarnos a visualizar sensaciones corporales más nítidas consiste en partir de la experiencia real. Para tal fin, ejecutamos en primer lugar el fragmento, e inmediatamente después lo pasamos mentalmente.

- Toca con tu instrumento o canta el pasaje anterior tomando consciencia de tus sensaciones corporales. Lo ampliamos un par de compases con el fin de disponer de un mayor recorrido.

- Pásalo ahora mentalmente recordando las sensaciones corporales que acabas de experimentar. Estas sensaciones se encuentran todavía en nuestra memoria a corto plazo, por lo que podemos utilizarlas con relativa facilidad.
- También puedes combinar de forma dinámica el trabajo real con el mental. Para ello intercalamos las dos modalidades de práctica sin interrupciones. Toca un compás - pasa mentalmente el siguiente, y así sucesivamente:

Relaciona tus sensaciones corporales internas con el sonido que producirías en la realidad, de forma que asocies en todo momento la acción corporal (pasar el arco, bajar una tecla o soplar...) con su resultado sonoro correspondiente.

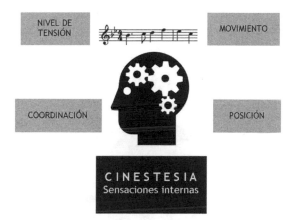

Esquema de la visualización de las sensaciones cinestésicas.

Las imágenes visuales

Las imágenes visuales representan otra modalidad perceptiva que puede resultar muy útil al trabajar mentalmente. Algunos ejemplos de su aplicación serían: visualizar el gesto correcto, una buena postura, nuestra disposición y actitud corporal sobre el escenario, actuaciones satisfactorias...

La perspectiva visual puede ser:

1. Desde nuestro punto de visión al interpretar. Para muchos instrumentistas implicaría ver sus manos y los movimientos de los brazos.

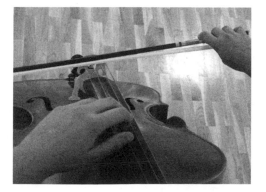

2.   Desde fuera, como si te vieras en un espejo o en una grabación de video.

Visualización con imágenes visuales

- Vamos a pasar mentalmente este nuevo fragmento. Inicialmente, imagina igual que antes cómo sonaría con tu instrumento o con tu voz.

- Imagínate ahora a ti mismo ejecutando estos compases. Elige
para ello el ángulo de visión que prefieras o que te resulte más
sencillo (desde tu punto de visión o visto desde fuera).

- Puedes hacer un zoom y visualizar el funcionamiento de las
manos, la embocadura o cualquier otro aspecto que te interese destacar.

- En esta ocasión también es importante comprobar que lo que
visualizamos sea correcto. Si un cellista visualiza por ejemplo
su mano izquierda, es importante que esta se encuentre bien
colocada, y que sus movimientos sean precisos y libres.

- Si lo prefieres, visualiza un plano más amplio que abarque todo tu cuerpo con el fin de disponer de una imagen más global de ti mismo. Elige el plano que consideres más adecuado en función del propósito de tu visualización. En el próximo capítulo nos ocuparemos precisamente del empleo de la visualización para temas relacionados con la postura y la libertad de movimientos.

- Si resulta complicado imaginar visualmente las acciones, parte de la experiencia real y ejecuta un par de veces el fragmento delante de un espejo observándote con atención. A continuación, pásalo mentalmente tomando como referencia las imágenes de ti mismo en el espejo.

- Experimenta ahora con una velocidad verdaderamente lenta. Concéntrate solo en tres o cuatro notas pasándolas a cámara muy lenta y repítelas un par de veces. Diviértete visualizando cada detalle de los gestos que realizas.

- Después de esta experiencia, vuelve a la velocidad inicial. Emplea imágenes visuales de ti mismo con el fragmento que hemos ampliado cuatro compases. Prueba con diferentes actitudes corporales y movimientos.

- ¿Qué porcentaje de claridad/nitidez tiene tu representación visual? 100% significa que lo estoy viendo como si fuera real.

- ¿Qué porcentaje de control tienes sobre tu representación visual? 100% significa que me es posible controlarla y modificarla con total facilidad.

Esquema de la visualización del sentido
de la vista

Ya hemos tenido la experiencia en las modalidades sensoriales
que más nos pueden ayudar en la realización de visualizaciones
de calidad (sonora, sensación corporal interna, visual). Prueba
ahora a combinarlas a tu gusto. Te recomiendo que partas de la
imagen sonora y que a ella le incorpores la cinestésica (sensaciones corporales) o la visual. No intentes representártelo todo al
mismo tiempo. Deja por el contrario que las imágenes emerjan
de forma flexible en la medida en la que avanzas con tu práctica,
y disfruta del proceso de generar tus propios «cortometrajes
multisensoriales».

Los siguientes pasajes pueden servir para ejercitarte en las
propuestas de visualización de este capítulo. Puesto que hay
una muestra de diferentes instrumentos, trabaja con aquellos
que más te interesen.

• Comienza por representarte el sonido internamente.

• A continuación incorpora la representación de las sensaciones
cinestésicas o las imágenes visuales. Elige la que te parezca
más sencilla de las dos, o bien, la que más te interese practicar.

- Avanza poco a poco. Compás por compás si fuera necesario.
- Trata de que la experiencia sea grata y celebra tus pequeños avances.

Minuetto de la *Sonata para flauta y continuo* en do mayor, BWV 1033 de J. S. Bach

Bourée I de la *Suite para cello solo* n° 3, BWV 1009 de J. S. Bach

Allegro de la *Sonata para clarinete y piano*, op. 167 de C. Saint-Saëns

Aria para soprano «Lascia chi´o pianga» **de la ópera** *Rinaldo,* **HWV 7b de G.F. Häendel**

Gavotte de la *Partita para violín* **solo n° 3, BWV 1006 de J. S. Bach**

Solo de flauta del Intermezzo del Preludio del Acto III de la ópera *Carmen* **de G. Bizet**

Parte de timbal del 4º movimiento Allegro de la *Sinfonía Nr. 5, op. 67* de L. van Beethoven.

Allegro de la *Sonata para cello y continuo* en si bemol mayor, RV 47 de A. Vivaldi

Invención 13 para teclado en la menor, BWV 784 de J. S. Bach

IDEAS CLAVE

- Cuando visualizamos en el cerebro se activan las mismas zonas que en la acción real, lo que nos ofrece la posibilidad de optimizar el funcionamiento de diversos aspectos instrumentales o vocales.

- En los músicos, el procesamiento auditivo y el motor se encuentran muy conectados por el efecto de la práctica, por lo que podemos sacar un gran provecho de ello al estudiar mentalmente.

- Mediante la práctica mental podemos imaginar y operar sobre las diversas cualidades del sonido (afinación, *tempo*, duración...), la interpretación y la expresión.

- La visualización de las sensaciones cinestésicas permite introducir mejoras en aspectos como la libertad de movimientos o la sensación de control muscular.

- La visualización con imágenes visuales se suele emplear para trabajar aspectos posturales, mejorar gestos concretos, o aspectos relacionados con las actuaciones como nuestra puesta en escena.

- A partir de la visualización sonora podemos incluir libremente la visualización cinestésica o la visual en función de nuestras necesidades de práctica.

PROGRAMA DE PRÁCTICA MENTAL

Realizar un programa personalizado de práctica mental te ayudará a iniciarte y a evaluar tus progresos en ella. Este apartado tiene como objetivo que pases a la acción y que pongas en práctica las herramientas que vayamos explorando. Las plantillas y propuestas que aparecerán a partir de ahora al final de cada capítulo, están diseñadas para que te ejercites sobre aquellas áreas o aspectos de tu actividad musical en los que quieres introducir mejoras. Adáptalas con flexibilidad a tus necesidades y a tu propio criterio. Como vimos en el capítulo 2, una de las claves de la eficacia de la práctica mental estriba en su adaptabilidad a cada situación individual.

PROCEDIMIENTO BÁSICO

A continuación se presentan resumidas algunas de las características que contribuyen a sesiones más eficaces de estudio mental.

> ✔ Realiza una breve relajación con el fin de reducir el nivel de activación.
>
> ✔ Calienta mentalmente para generar imágenes con mayor facilidad.
>
> ✔ Define el objetivo de la práctica mental: para qué la quieres emplear, qué quieres mejorar con ella.
>
> ✔ Genera imágenes lo más realistas y vivas posible.
>
> ✔ Ajusta las visualizaciones a la tarea (nivel de dificultad).
>
> ✔ Delimita el tiempo: importante acabar con buena sensación.

REGISTRO DE ESTUDIO MENTAL/VISUALIZACIÓN

- Realiza un registro de tu práctica mental durante un tiempo. Con él podrás observar tu evolución y emprender mejoras en tu manera de trabajar.

Fecha	
Fragmento/s	
Relajación empleada	
Calentamiento mental empleado	
Propósito de la práctica	
Nivel de control	
Nivel de nitidez	
Duración	
¿Cómo ha ido la experiencia? Observaciones	

El nivel de control hace referencia al grado de facilidad para modificar aspectos de tu visualización o estudio mental (fijarte más en un aspecto u otro, modificar la velocidad de trabajo,...).

El nivel de nitidez tiene que ver con lo claras o nítidas que son tus representaciones mentales, ya sean visuales, sonoras o cinestésicas.

MODALIDAD DE LA VISUALIZACIÓN

El siguiente modelo de registro puede ayudarte en tus primeras sesiones de práctica mental. Con él podrás sondear cuál es tu nivel de visualización en cada una de las modalidades que hemos contemplado en el capítulo. Cuando acabes de trabajar un pasaje pregúntate por el porcentaje de control (100% significa que me es posible controlar y modificar con total facilidad esta modalidad) y por el de nitidez de las representaciones (100% significa que lo estoy oyendo, viendo o sintiendo como si fuera real).

En general los músicos que estudian mentalmente suelen tender a ejercitar y desarrollar más la modalidad en la que se sienten más cómodos. Trata de reunir unas cuantas experiencias para averiguarlo.

Pasaje/s Fecha	SONORO	VISUAL	CINESTÉSICO
Control			
Nitidez/ claridad			

Pasaje/s Fecha	SONORO	VISUAL	CINESTÉSICO
Control			
Nitidez/ claridad			

LISTADO DE OBJETIVOS PARA LAS VISUALIZACIONES

Disponer de un listado de objetivos que puedes trabajar en tu estudio mental/visualizaciones puede facilitar su puesta en práctica. Realiza en este caso el camino inverso. Partiendo de un objetivo de mejora que pueda convenirte, elige un material musical sobre el que trabajarlo.

Objetivos

✔ **Corporales:** ejemplos (colocar mejor los hombros, la cabeza, la postura, liberar la tensión de alguna parte ....)

✔ **Musicales:**

Técnicos.
Interpretativosos.
Expresivos.

✔ **Psicológicos:** ejemplos (concentración, actitud positiva, autorregulación ...)

✔ **Actuación:**

PROGRAMANDO LA PRÁCTICA MENTAL

Establecer un número de veces por semana en la que empleas el estudio mental también suele ayudar a iniciar y mantener las habilidades que se necesitan para este tipo de práctica. Puedes empezar realizando tres sesiones por semana, e ir ampliando la frecuencia con el paso del tiempo.

- Indica el nivel que consideres que alcanzas en las categorías de control (facilidad de modificar aspectos) y calidad de la experiencia (si ha sido o no satisfactoria) en las casillas correspondientes. Emplea porcentajes, una escala del 1 al 10, o cualquier otro procedimiento.

	Sesión 1		Sesión 2		Sesión 3	
SEMANA	Control	Experiencia	Control	Experiencia	Control	Experiencia
1						
2						
4						
5						
6						
7						
8						

5

VISUALIZAR LA ACCIÓN MUSICAL LIBRE

La práctica mental nos ofrece numerosas posibilidades de aplicación al hacer música. En el presente capítulo nos centraremos en ayudarnos de la visualización con el fin de mejorar aspectos como la postura o la libertad de movimientos. También contemplaremos cómo trabajar aspectos concretos de la técnica con el fin aportarles mayor precisión y control a los movimientos.

1. MEJORAR LA ACCIÓN CORPORAL

«El movimiento nunca miente.
Es un barómetro que revela el estado del clima del alma a todos los que lo pueden leer.»
Martha Graham (1894-1991). Bailarina y coreógrafa.

«Cuando estoy sentado en París en un café rodeado de gente, no estoy sentado por casualidad - dejo que transcurra en mi cabeza cierta sonata y descubro nuevas cosas todo el tiempo.»
Arthur Rubinstein, pianista

Cuidar la postura y los gestos en el día a día representa una inversión para el futuro del músico. No son pocos los instrumentistas y cantantes que pese a disponer de un gran talento, se han visto obligados a realizar incómodas interrupciones en su actividad artística por problemas en la espalda, en una mano o en las cuerdas vocales. El primer requisito para practicar visualizaciones que optimicen nuestro rendimiento corporal en la música, consiste precisamente en resaltar la relevancia de disponer de buenos hábitos en la utilización del cuerpo.

El pianista Arthur Rubinstein representa un sugerente modelo de buen hacer al piano. Sus numerosas grabaciones en vídeo pueden inspirar nuestra motivación por introducir mejoras en nuestro funcionamiento corporal. El propio Rubinstein comentaba con más de setenta años de edad, que hacer música al piano le producía tal placer que podía estar diez horas tocando sin ningún problema[18]. Su elegante alineación y economía muscular, contribuyeron sin duda a prolongar su carrera musical hasta pasados los noventa años.

Además de poseer una sabiduría excepcional en relación con lo corporal, Arthur Rubinstein también solía hacer uso del estudio mental. Es conocida la anécdota en la que en cierta ocasión se vio obligado a aprender mentalmente las *Variaciones Sinfónicas* de César Franck en un viaje en tren de camino a una actuación[19]. Más allá de esta excepcional circunstancia, Rubinstein consideraba que el estudio mental representaba la mejor forma de mantener sus habilidades interpretativas, reduciendo el número de horas sentado al piano.

Las visualizaciones que vamos a trabajar en este capítulo representan una eficaz herramienta para conseguir mejoras sustanciales en diferentes aspectos corporales de la actividad musical. Nuestra tarea principal consistirá en generar imágenes que incentiven una postura sana, así como movimientos libres y mejor coordinados. Puesto que nuestro cuerpo es en realidad nuestro primer instrumento, tenemos mucho que ganar si conseguimos emplearlo de forma natural y fluida.

Antes de ponernos a practicar, vamos a considerar brevemente dos interesantes aspectos que nos impulsarán en esta tarea: la consciencia y el conocimiento del cuerpo.

18. «Arthur Rubinstein Dies in Geneva at 95». *The New York Times. 21.12.* (1982).

19. Rubinstein, A. (1980). *My Many Years.* Jonathan Cape. London.

La consciencia corporal

«La facultad de crear nunca nos ha sido dada
a todos nosotros por sí misma.
Siempre va unida de la mano del regalo de la observación.»

Igor Stravinsky (1882-1971)

En la medida en la que somos más conscientes de cómo empleamos nuestro cuerpo, podremos emprender mejoras en aquellos aspectos en los que hayamos identificado un exceso de tensión o cualquier otro desajuste. La consciencia corporal actúa como una cámara de seguridad que registra todos los ángulos de nuestro interior, permitiéndonos detectar «intrusos» que interfieren en nuestro rendimiento y bienestar. Gracias a ella podemos advertir por ejemplo, que con el fin de sacar más sonido apretamos, en lugar de utilizar una buena técnica instrumental o vocal.

Ser conscientes de nuestro cuerpo en la acción musical, también nos ofrece la oportunidad de realizar los sutiles microajustes que son necesarios para conseguir el dominio de una dificultad específica (golpe de arco, articulación...), o para adecuarnos a una exigencia concreta. En ocasiones, puede tratarse de liberar un poco el codo para facilitar el movimiento de la mano, o bien destensar la mandíbula para relajar el sonido.

Las experiencias que reunimos en el día a día mediante la consciencia corporal, nos aportan un interesante material para realizar visualizaciones de calidad. Recuerda que una gran parte de nuestras visualizaciones se nutre de nuestros almacenes de memoria, en este caso predominantemente muscular.

- Toma consciencia durante tu estudio diario de cómo te encuentras colocado y cómo canalizas la energía que utilizas para hacer música.

- Mantén una actitud observadora y curiosa en relación con los medios corporales que utilizas en las diferentes facetas de tu estudio (calentamiento, estudio técnico, interpretación, preparación de actuaciones ...).

El conocimiento corporal

Son muchos los grandes intérpretes y pedagogos que recomiendan hacer música con facilidad y economía muscular. El gran pedagogo del piano H. Neuhaus, entre cuyos alumnos se encontraban Sviatoslav Richter, Emil Gilels o Radu Lupu, insistía enormemente en cualidades como la naturalidad, la relajación o la libertad. Neuhaus consideraba que estas tres cualidades resultan esenciales para construir una sólida técnica con la que hacer frente a las exigencias del amplio repertorio.[20]

Conocer mejor el cuerpo en funcionamiento contribuye a crear una imagen mental o mapa corporal, que nos guía internamente al hacer música y nos acerca a las cualidades que tanto destacaba el célebre Nehuhaus. Cuando comprendemos cómo funciona nuestro cuerpo al bajar una tecla, al pasar el arco, al soplar o al vocalizar, somos más capaces de realizar acciones más precisas y coordinadas, y en consecuencia ganamos en libertad y seguridad.

Cuanto más se ajuste nuestro mapa corporal (la imagen que construimos mentalmente de nosotros mismos) a la auténtica realidad anatómica, mejor utilizaremos nuestro cuerpo y más eficaces tenderán a ser nuestros movimientos y acciones musicales. Si por el contrario, nuestro mapa guía es impreciso o se encuentra repleto de errores, tenderemos a realizar movimientos ineficaces y quedaremos más expuestos a sufrir molestias o lesiones.

- Amplía tus conocimientos anatómicos desde el punto de vista funcional. No es necesario un conocimiento muy detallado. Quédate simplemente con las ideas esenciales que contribuyan a visualizar con claridad una acción corporal determinada[21] (la postura, el movimiento de los dedos, el proceso de la respiración...).

20. Neuhaus, Heinrich. (1987). *El arte del piano*. Real Musical.

21. Si estás interesado en conocer más profundamente aspectos relacionados con el mapa corporal del músico, la profesora de técnica Alexander Barbara Conable realiza un interesante estudio sobre este tema en su libro. Conable, B. (2012). *Lo que todo músico tiene que saber sobre el cuerpo*. Laertes.

REUNIR MATERIAL PARA LAS VISUALIZACIONES CORPORALES

«Hay días en los que me vuelvo neurótico con el violín. Cualquier pequeño ajuste cambia el equilibrio para bien o para mal. La forma en la que el todo funciona como un todo acústico, tan perfectamente equilibrado, es una especie de milagro.»

Joshua Bell. Violinista

A continuación dispones de una serie de recomendaciones que te ayudarán a realizar visualizaciones corporales más precisas. La información que nos interesa reunir con estas experiencias procede esencialmente de la percepción visual, táctil y cinestésica.

▶ Utiliza a menudo un espejo cuando estudies con el fin de disponer de información visual de tu cuerpo. También resulta muy útil grabarse periódicamente en vídeo. El espejo es más inmediato, pero el vídeo permite visionar y parar la imagen las veces que quieras, lo que contribuye a aumentar la información sobre ti mismo en acción.

▶ Desarrolla tu capacidad de observación. Mira con atención qué es lo que sucede cuando haces música. Las siguientes preguntas te ayudarán en esta tarea:

  * ¿Qué partes del cuerpo intervienen en esta acción? ¿Cómo se relacionan unas con otras?

  * ¿Cuál es la secuencia de la acción, puedo visualizarla con claridad?

  * ¿Qué sensaciones corporales internas experimento al realizar esta acción musical?

▶ Muchas acciones se dan en nuestro interior y no se ven. Esto sucede especialmente en los instrumentos de viento y en el canto. En este caso resulta conveniente disponer de información sobre los procesos internos que tienen lugar en una acción musical determinada. Puedes encontrar dicha información por medio de diferentes fuentes: libros especializados de técnica vocal o instrumental, algún atlas de anatomía, o bien te la pueden facilitar tus profesores. Además de ello, las siguientes preguntas pueden ser también útiles:

> * ¿Dispongo de algún otro indicio observable que me aporte información de lo que está sucediendo en el interior (el sonido, el funcionamiento de otras partes del cuerpo...)?

> * ¿Puedo notar de forma fiable las sensaciones internas que tienen que ver con esta acción (soporte del aire, apertura de la garganta, resonadores ....).

▶ Trata de reunir información multisensorial en tus observaciones: sonora, visual, cinestésica (sensaciones internas) y táctil. Cuanto más detalles observes mejor.

▶ Con el fin de ser capaz de conducirte a ti mismo a un estado de mayor soltura y bienestar, practica alguna técnica corporal como la técnica Alexander, yoga, o los métodos Feldenkreis o Trager. Las experiencias en las que consigues equilibrar tus músculos, tu respiración y tus pensamientos, te aportarán un repertorio de sensaciones internas muy útil para tus visualizaciones.

Rafael García impartiendo una
clase de técnica Alexander

▶ Practica estiramientos de las zonas que más te interese trabajar en tus visualizaciones. Realizar una sencilla serie de estiramientos antes de la sesión de visualización corporal de forma conscente y mesurada, ayuda a incrementar la consciencia interna, y facilita la generación de ese tipo de imágenes (cinestésicas).

▶ Trabajar con otra persona (por parejas), también contribuye enormemente a ser más conscientes de nuestras sensaciones corporales. Un ejercicio muy útil al respecto consiste en sostener el brazo del compañero pidiéndole que lo suelte. Liberar la musculatura del brazo y el hombro, y contar con el *feedback* del compañero certificando que el brazo se encuentra realmente suelto, incrementa enormemente la consciencia de unos brazos libres e incentiva visualizaciones corporales más reales.

▶ La observación de buenos modelos de funcionamiento corporal en la música aporta también elementos muy valiosos para las visualizaciones, y supone a su vez una inestimable fuente de inspiración. A través de las llamadas neuronas espejo, nuestro cerebro tiende a reproducir las conductas que son observadas, facilitando enormemente el aprendizaje de destrezas corporales. Los buenos ejemplos en las clases realizados por los profesores, o ver vídeos de buenas interpretaciones en la web, representan muestras de situaciones que pueden aportarnos un interesante material para mejorar diversas cuestiones corporales y musicales, y realizar visualizaciones más óptimas.

Después de las recomendaciones que acabamos de ver llega el momento de empezar. Con el fin organizar mejor la práctica, aquí abajo tienes un esquema con los siguientes apartados del capítulo. En el punto 3 nos ocuparemos de lo más básico, es decir, la visualización de una buena postura. En el punto 4, nos centraremos en aportar libertad y precisión a la acción corporal en aspectos concretos de la técnica instrumental o vocal.

VISUALIZAR EN LA POSICIÓN DE DESCANSO CONSTRUCTIVO

> «El propósito de la visualización es el *insight*, no las imágenes.»
>
> *Ben Shneiderman. Informático.*

> «Nada es permanente sobre nuestros patrones de comportamiento, excepto nuestra creencia de que son así.»
>
> *Moshé Feldenkrais (1904-1984)*

Estas primeras visualizaciones es preferible realizarlas en posición horizontal. Si tienes problemas posturales e intentas visualizar una buena postura mientras estás sentado o de pie, es muy probable que generes mensajes contradictorios en tu sistema nervioso. Por un lado se encuentran las imágenes que visualizas, y por otro, tu estado de tensión muscular en la espalda. Si este es tu caso, te aconsejo comenzar con visualizaciones en la llamada posición de descanso constructivo o semi-supina (tumbado boca arriba y con las rodillas flexionadas).

Según comenta Eric Franklin en su libro *Conditioning for Dance*[22], en esta posición equilibrada y sin esfuerzo muscular por mantener la postura, resulta más sencillo y efectivo realizar estas visualizaciones. Al dejarnos sostener por el suelo y soltar los músculos de la espalda, generamos unas mejores condiciones para ello. Después resulta más fácil llevar a cabo las visualizaciones que se realizan estando sentado o incluso en plena actividad. Eric Franklin ha sido profesor en la Universidad de Nueva York, en la Escuela de la Ópera de Zurich y ha trabajado con destacados artistas entre los que se encuentran miembros del Circo del Sol. Este reconocido profesor incluye la visualización como elemento destacado en la mejora del rendimiento corporal de bailarines y otros colectivos.

A continuación dispones de una propuesta de visualización en la posición de descanso constructivo (semi-supina), con el fin de crear un contexto más propicio para trabajar la postura.

Preparativos

• Túmbate boca arriba, flexiona tus rodillas y reajusta la pelvis

22. Franklin, E. (2003). *Conditioning for Dance: Training for Peak Performance in All Dance Forms*. Human Kinetics.

suavemente de forma que la cadera quede lo más en contacto posible con el suelo.

- Es conveniente que la cabeza permanezca alineada en relación con el torso. Si lo necesitas, puedes valerte de libros de diferentes grosores en los que apoyar tu cabeza con el fin de conseguir la altura idónea. Este ajuste aporta mayor soltura al cuello y la nuca, con lo que se desencadena una respuesta relajante en el resto del cuerpo.

- Comprueba que tu cuerpo se encuentre simétrico, alineado y expandido, y coloca las manos sobre la superficie de tu vientre con el fin de que los hombros queden ligeramente abiertos. Los puntos de apoyo y soporte del peso del cuerpo en esta posición, permitirán a tu musculatura soltarse y descargar las tensiones.

Visualizar la postura

Cuando realices esta visualización, considera la postura como un elemento que aporta dinamismo y estabilidad a tu actividad musical. Las acciones que realizamos al cantar o tocar tienen como elemento de soporte nuestra postura, por lo que merece la pena dedicarle un cuidado especial.

- Cierra los ojos, siente tu respiración durante unos momentos y toma consciencia de la posición en la que te encuentras. Nota especialmente las zonas de tu cuerpo que tocan el suelo, y siéntete sostenido por él.

- A partir de estas sensaciones, genera una imagen visual de ti mismo en una postura erguida y sana, integrando los elementos corporales en un todo funcional. Decide imaginarte de pie o sentado en función de tu actividad musical o tus preferencias:
    * Comienza por los hombros. Imagina que tus hombros están sueltos y ligeramente abiertos. Exagera esta idea en tu visualización si esto te ayuda a clarificar la imagen.
    * Visualiza tu cabeza centrada sobre los hombros y alineada con el torso. Varía el ángulo de visión de ti mis-

mo. Ahora nos interesa vernos de perfil con el fin de comprobar mejor la alineación cabeza-cuello-torso.

* Piensa que la cabeza guía con suavidad tu columna vertebral hacia arriba, alineándola de forma natural. Puedes utilizar alguna imagen para estimular esta idea. Aquí dispones de un par de ejemplos:

> • Imagina que la coronilla de tu cabeza se encuentra sujeta por una cuerda que tira hacia arriba y alinea tu espalda.
>
> • Imagina que tu espalda es como una botella de cava. La base de la botella es tu cadera y el tapón de corcho tu cabeza. Visualiza que las burbujas de cava se elevan a lo largo de tu columna vertebral en una corriente ascendente fluida y sin esfuerzo.

* Vuelve a imaginarte de frente y añade ahora a tu imagen los elementos de soporte (piernas y pies).

* Si estás sentado, visualiza que la cadera se encuentra centrada y las piernas ejercen naturalmente su función equilibradora del torso. Los pies se encuentran en una posición que facilita la buena disposición de las piernas (ni demasiado próximos a la silla, ni demasiado alejados de ella).

* Si te encuentras de pie, visualiza que los pies están se-
parados aproximadamente según el ancho de tu cadera
y el peso del cuerpo recae por igual sobre ambos pies.
* Aporta a tus imágenes las sensaciones internas de soltura y apertura, que estás experimentando en la posición de descanso constructivo en la que te encuentras.
* Comprueba que la imagen de tu postura sea erguida y
relajada al mismo tiempo.

• Integra ahora tu instrumento a tu postura. Si eres pianista,
simplemente imagina que colocas tus manos sobre el teclado
para comenzar a tocar. Si eres cantante, visualízate de pie,
dispuesto a vocalizar o cantar.

• Visualiza que es el instrumento quien se acerca a ti sin alterar
la esencia de tu postura, ni tu disposición de equilibrio. Los
hombros permanecen libres y abiertos y tu cabeza alineada
con naturalidad sobre el torso. En los casos en los que la tendencia real sea la contraria, es decir, aproximarse hacia el instrumento generando una mala postura, es conveniente realizar este paso más lentamente y repetidas veces.

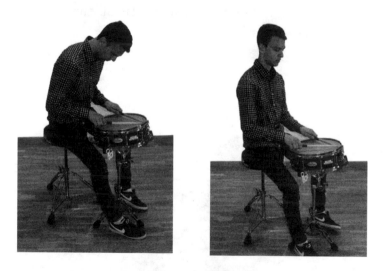

En la figura de la izquierda, observamos un excesivo acerca-
miento al instrumento que produce desajustes innecesarios en

la postura. Mediante la visualización podemos corregir esta tendencia (derecha).

- Recuerda que todo sucede en tu mente y no tienes que «hacer» nada.

- Dedica unos momentos a visualizarte con el instrumento en una disposición sana y equilibrada:
  * Externamente te encuentras alineado y abierto.
  * Internamente no realizas ningún esfuerzo innecesario para estar erguido y sostener tu instrumento.

Visualizar la postura haciendo música

Continuamos en la posición de descanso constructivo desde la que vamos a visualizar nuestra postura haciendo música. Para ello vamos a utilizar el primero de los fragmentos que trabajamos en el capítulo anterior. Si lo prefieres puedes practicar la visualización con cualquier otro material.

- En la posición de descanso constructivo en la que te encuentras, imagínate a ti mismo ejecutando el fragmento. Dedica especial interés a que:

  * Tus hombros permanezcan sueltos y abiertos.
  * Tu cabeza se encuentre en el eje natural de alineación (vista de perfil) y la espalda erguida con naturalidad.

- Nuestro objetivo es generar imágenes en las que se evidencie que interpretas con facilidad y con una postura natural y abierta. Permanece atento a no hacer nada físicamente, e incorpora a tu experiencia la sensación agradable de soltura que te aporta la posición de descanso en la que te encuentras.

- Para algunas personas es más sencillo generar la imagen visual (como si te vieras en un espejo) que la interna (las sensaciones internas o cinestésicas), mientras que para otras resulta al contrario. No fuerces ninguna de las dos opciones. Deja que aparezcan las imágenes espontáneamente.

- Aunque es preferible considerar la postura como un todo global, trabajar por elementos y combinarlos después te puede ayudar en la tarea.

  * Visualiza primero un par de veces, la apertura natural de tus hombros con los cuatro primeros compases del fragmento.

HOMBROS SUELTOS Y ABIERTOS

  * Después, visualiza con el resto del pasaje que tu espalda se encuentra erguida, y tu cabeza centrada y naturalmente alineada con ella.

ESPALDA ERGUIDA Y LIBRE

  * Combina las dos ideas anteriores durante todo el fragmento.

HOMBROS SUELTOS Y ESPALDA ERGUIDA CON NATURALIDAD

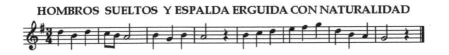

Tanto la postura como los movimientos que realizas, suceden como respuesta a concepciones e imágenes de ti mismo. A través de la práctica, comprobarás que cuanto más clara y potente sea tu imagen en una buena postura, más fácil te resultará conseguirlo en la realidad. Mejorar la postura lleva su tiempo, sin embargo los beneficios que ello nos procura lo merecen. Motívate a ti mismo pensando en sus positivas aportaciones. Una buena postura al hacer música:

* Propicia una mejor respiración.
* Facilita una coordinación corporal más eficaz.
* Permite que el instrumento se integre mejor en la acción corporal.
* Aporta mayor libertad de movimientos.
* Suscita una mejor producción y control del sonido.
* Reduce las interferencias en el dominio de las dificultades técnicas.
* Facilita la expresión musical y la comunicación.
* Genera una mayor atención en la tarea y una disposición positiva para la acción.

Si quieres profundizar en la mejora de la postura, puedes consultar mis libros *Optimiza tu actividad musical* y *Técnica Alexander para músicos*. En ambos encontrarás numerosas propuestas y aplicaciones relacionadas con la postura y el equilibrio corporal.

VISUALIZAR ELEMENTOS Y GESTOS DE LA TÉCNICA INSTRUMENTAL O VOCAL

«¿Cómo se puede motivar a un estudiante para que trabaje más duro sin que se tense? La clave está en un esfuerzo «sano» o «relajado»: ni demasiado tenso ni demasiado suelto, ni demasiado rígido ni demasiado despreocupado, sino encontrando el equilibrio adecuado entre estos dos extremos.»

Madeline Bruser en The Art of Practicing

Otra interesante utilidad de la visualización corporal tiene como objetivo aportar precisión y libertad en elementos básicos de tu técnica instrumental o vocal. Se trata de crear una especie de «cortos multisensoriales» a modo de tutoriales, que incluyan la buena realización de los aspectos técnicos que pretendas mejorar. La combinación de estas visualizaciones con la práctica real, te ayudará enormemente en la búsqueda de mayor economía y naturalidad al tocar o cantar.

Preparativos

- Con el fin de emprender mejoras en relación con la precisión de movimientos y libertad de ejecución, realiza un sencillo listado con aquellas aspectos técnicos que quieras visualizar:
  * *Cuerda:* cambios de posición, articulación de los dedos, golpes de arco complejos, dobles cuerdas, cambios de cuerda, acordes, detaché, paso del arco, sacar un sonido amplio, hacer un piano de calidad ...
  * *Viento:* picado, picado-ligado, ligado, saltos amplios, ataques, emisiones, calidad del sonido en piano...
  * *Piano:* sonido amplio en acordes, desplazamientos por el teclado, búsqueda de diferentes tipos de sonido, distinción de voces ...
  * *Arpa:* dedos alternos, empleo de pedales, acordes, plaqués, arpegios ...
  * *Percusión:* redoble, rudimentos, equilibrio entre las dos manos al trabajar con las láminas, el trabajo en piano....

- Ordénalos por nivel de dificultad y comienza por el más sencillo.

- La posición corporal idónea para realizar la relajación es sentado con:
  * La espalda erguida y apoyada en el respaldo.
  * Los hombros abiertos.
  * La cabeza alineada y centrada sobre los hombros.

Visualización de un aspecto técnico concreto

«Cuando toques, vuelve deliberadamente a un estado de relajación y suavidad en todas las articulaciones, entre cualquier esfuerzo y durante cada pausa.»

Yehudi Menuhin. Violinista

- Vamos a utilizar este sencillo fragmento a modo de ejemplo con el que trabajar las notas picadas. Dependiendo de tu instrumento musical define la articulación concreta que vas a realizar.

- Imagínate a ti mismo ejecutando el fragmento. El objetivo consiste en generar imágenes en las que realizas correctamente la acción corporal, al mismo tiempo que imaginas un buen rendimiento sonoro. Asegúrate en primer lugar de que en tu visualización partes de una postura natural y alineada.

- Visualiza entonces la esencia del gesto:
  * El movimiento del brazo del arco y su sincronización con la mano izquierda (instrumentos de cuerda).
  * La acción de la lengua deteniendo el aire y su sincronización con las digitaciones (instrumentos de viento).
  * La acción de los dedos, manos, brazos ... (piano, arpa ...)

- Si lo consideras conveniente, trabaja sobre una misma nota con el objeto de clarificar la acción.

- Incluye diversas modalidades sensoriales en tu visualización:

  * Imágenes visuales (el gesto, las partes del cuerpo implicadas).
  * Sensaciones internas (la sensación del movimiento, la sensación de libertad y precisión en el gesto).
  * Táctiles (contacto con la boquilla, el arco, caña, teclas, cuerdas...).
  * Sonoras (el sonido que quieres conseguir).

- Emplea imágenes evocadoras de los estados corporales que pretendes alcanzar. A modo de ejemplo, el gran pedagogo del violín Ivan Galamian[23] utilizaba la imagen de unos muelles en los dedos de la mano del arco, con el fin de aportar en sus alumnos flexibilidad en la mano derecha.

- Es importante que el resultado de lo que imaginas sea óptimo tanto desde el punto de vista sonoro como corporal. Trabaja mentalmente hasta conseguirlo y ayúdate de preguntas como las siguientes.

23. Galamian, I. (1998) *Interpretación y enseñanza del violín*. Pirámide.

* ¿Mantengo una postura alineada y abierta?
* ¿Están igualadas las notas?
* ¿Estoy realizando la acción con libertad y corrección?
* ¿Están libres mis hombros/brazos/codos/muñecas/manos/dedos?
* ¿Obtengo un buen sonido?
* ¿Está libre mi nuca/garganta/mandíbula ...?

- En la medida en la que hayas conseguido una representación mental de calidad, da un paso más e introduce pausas medidas cada 2 tiempos. Las pausas te permitirán ordenar y anticipar tu trabajo de visualización.

- Llega progresivamente a la versión definitiva en tu visualización supervisando en todo momento la corrección sonora y corporal.

- Utiliza los recursos de «edición de video» que te resulten más útiles:

  * Repite las veces que necesites.
  * Céntrate solo en unas cuantas notas.
  * Reduce o aumenta la velocidad.
  * Acerca (haz un zoom) o aleja la imagen de tu mano, brazo o elementos internos como la lengua o garganta (instrumentos de viento y canto).

* Sitúa en primer plano solo un aspecto sensorial.
* Detén la imagen cuando quieras.
* Retrocede, o ve hacia adelante.
* Prueba a generar una imagen en 3 dimensiones.

• Ayúdate también de autoinstrucciones verbales sencillas que susciten un mejor funcionamiento corporal. Aquí dispones de unas cuantas a modo de ejemplo:

* Liberar el hombro derecho/codo/muñeca/pulgar/mandíbula ...
* Fácil, natural.
* Precisión en el gesto.

• Cuando consigas representarte mentalmente una buena versión del aspecto que estás trabajando, visualízate a ti mismo interpretando el fragmento en público con una buena sensación de control. Imagina que este fragmento o este elemento técnico se encuentra en una obra que vas a ejecutar en un concierto o una prueba. Esta práctica te ayudará enormemente a generar puentes naturales entre tu estudio y la actuación en público.

Combinar la visualización con la acción real

Una gran cantidad de investigaciones realizadas tanto en el deporte como en la danza o en la música, coinciden en destacar que los mayores beneficios de la visualización se producen cuando esta se combina con la práctica real. Mantén por tanto cerca tu instrumento musical o si eres cantante estate preparado para cantar, e intercala la acción real en cualquier momento del proceso que hemos seguido.

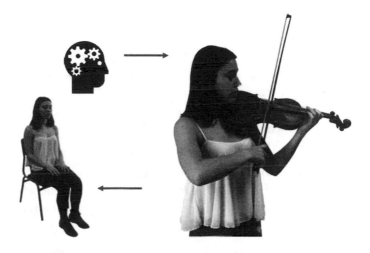

- El procedimiento básico de trabajo combinado consiste en pasar mentalmente el fragmento y ejecutarlo físicamente a continuación.

- La pasada mental contribuye a clarificar la acción y a proyectar las mejoras que pretendemos conseguir en cuanto a soltura y precisión de movimientos.

    * Me imagino con las sensaciones de soltura y libertad que pretendo al pasar el arco/soplar/cantar...
    * Me imagino obteniendo un buen sonido.

- Con la acción real supervisamos los resultados e identificamos aquellos aspectos que todavía no hemos conseguido: fluidez, naturalidad, soltura, precisión, buena coordinación. La experiencia te mostrará que la pasada mental previa te vuelve más receptivo a la hora de la ejecución real.

    * ¿Está libre muscularmente?
    * ¿Es correcto el gesto visualmente?
    * ¿Es buena la calidad del sonido? ¿He conseguido un sonido igualado en todas las notas?
    * ¿Qué diferencias encuentro en relación con la visualización?

- Ejecuta el pasaje delante de un espejo y comprueba que los elementos corporales que has visualizado funcionan adecuadamente.

- Después de la experiencia real, volver a la visualización nos permite profundizar en el proceso. Además, según afirma el investigador Martin Lotze[24], al visualizar inmediatamente después de realizar la acción real, la imagen del movimiento es más vívida y clara.[25]

- Es conveniente mantener el mismo *tempo* en la visualización que en la acción real. Si durante la ejecución real compruebas que el *tempo* elegido no te permite obtener un buen rendimiento, reduce la velocidad en tu siguiente pasada mental con el fin de realizar un buen trabajo. La calidad es lo prioritario.

- Sé exigente desde el punto de vista sonoro y corporal. Agudiza tu capacidad de observación para comprobar que todo funciona correctamente.

Ya dispones de un procedimiento básico para trabajar visualizaciones con las que mejorar poco a poco tu funcionamiento corporal en la música. Adapta estas indicaciones de forma flexible y personalizada al material o a los aspectos que necesites. La visualización empleada de forma estratégica y constructiva representa una herramienta muy poderosa en la mejora de este tipo de cuestiones. Avanza poco a poco y ve ganando terreno en algún aspecto. Céntrate durante unos días, por ejemplo, en generar imágenes en las que mantienes tus hombros sueltos y abiertos sin forzar nada mientras haces música. Comprueba posteriormente con breves pasajes delante de un espejo, que efectivamente lo consigues. Date tiempo para emprender cambios en tus hábitos corporales y obtendrás los mejores resultados.

A continuación dispones de algunos pasajes para motivarte a visualizar tu acción corporal. Parte siempre de la representación sonora, e incorpora de forma natural las sensaciones o las imágenes que consideres oportunas. Detente y repite las veces que necesites con el fin de

24. Lotze, M. (2013) Kinesthetic imagery of musical performance. *Functional Imaging, Institute for Diagnostic Radiology and Neuroradiology, Ernst Moritz Arndt University of Greifswald Greifswald, Germany Front Hum Neurosci 7:280. 2013*

25. Freymuth, M. (1999) *Mental Practice and Imagery for Musicians.* Integrated Musician's Press.

obtener imágenes de calidad (el gesto natural y bien realizado). Si prefieras trabajar con mayor facilidad y tranquilidad los aspectos corporales que hemos visto, elige otro tipo de material como por ejemplo, escalas o arpegios, con valores amplios (redondas o blancas) y a un *tempo* tranquilo.

Courante de la Partita para violín solo nº 1, BWV 1002 de J. S. Bach

Allegro de la *Sonata para cello y piano nº 1*, op. 38 de J. Brahms

Aria para tenor «Dies Bildnis ist bezaubernd schön», de la ópera *La Flauta Mágica*, Kv. 620 de W. A. Mozart.

Solo de oboe del *Concierto para violín* y orquesta en re mayor, op. 77 de J. Brahms

Solo de caja de *Pedro y el Lobo* op. 67 de S. Prokofiev.

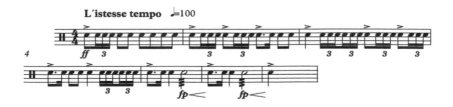

Solo de piccolo de la obertura de la ópera La Gazza Ladra de G. Rossini.

Allegro de la *Sonata para piano n° 59* en mi bemol mayor, Hob XVI/49 de J. Haydn

IDEAS CLAVE

• Cuidar el funcionamiento corporal en la música nos aporta bienestar y un mejor rendimiento, y supone una garantía para nuestra salud presente y futura.

• Mediante la visualización en la posición de descanso constructivo, nos valemos de las sensaciones que aporta la horizontalidad para construir imágenes más efectivas en relación con la postura.

• La interacción cuerpo-mente también nos permite integrar el instrumento musical o la acción de cantar en una actitud corporal natural.

• Practicar mediante la visualización la esencia de algún elemento técnico contribuye a mejorar su precisión y la calidad de los gestos implicados.

• La combinación de visualización y acción real produce una interesante sinergia que resulta muy útil en el trabajo de determinados aspectos técnicos.

• Puesto que los hábitos corporales en la actividad musical suelen estar muy arraigados, es preferible avanzar progresiva y persistentemente con el fin de mejorarlos.

PROGRAMA DE PRÁCTICA MENTAL

VISUALIZAR LA POSTURA ESTANDO TUMBADO 1

A continuación tienes una guía para registrar tus visualizaciones en la posición de descanso constructivo. Parte de las sensaciones en esta posición para realizar tus visualizaciones, y comprueba en todo momento que al visualizar no estás intentando hacer nada con tu cuerpo. Puedes comenzar realizando un par de sesiones de este tipo por semana y decidir posteriormente su frecuencia. Anota en las casillas correspondientes, el nivel de control alcanzado y cómo ha ido la experiencia.

Elementos

- Notar aire entrando por la nariz. Sentir contactos con el suelo.
- Visualizar: Imagínate sentado o de pie.

  * Elementos clave: expansión hombros, cabeza centrada sobre los hombros, espalda alineada. Soltura y libertad.
  * Imágenes utilizadas: corcho de la botella, cuerdecita que tira de la cabeza, otras.
  * Incorporar instrumento a la buena postura o la acción de cantar.

SEMANA	Sesión 1		Sesión 2	
	Control	Experiencia	Control	Experiencia
1				
2				
4				
5				
6				
7				
8				

VISUALIZAR POSTURA ESTANDO TUMBADO 2

Haciendo música.

Elige algún fragmento musical que tengas memorizado, o bien emplea cualquier material técnico (escalas, arpegios...). Visualiza los elementos clave que hemos empleado en la visualización anterior. Recuerda que se trata de generar una idea de alineación natural que nos aporte ventajas mecánicas y expresivas en la actividad musical, y no una postura estática y forzada. Registra tus experiencias en cada categoría (nivel de control, claridad, capacidad de mantener la idea durante el pasaje, ...).

SEMANA	Pasaje musical / Material técnico		
	Apertura hombros	Cabeza centrada	Alineación espalda
1			
2			
3			
4			
5			
6			
7			
8			

VISUALIZAR ELEMENTOS/GESTOS DE LA TÉCNICA

Tal como hemos visto en el capítulo, la visualización puede resultar muy útil para mejorar la acción corporal en elementos concretos de la técnica instrumental o vocal. A continuación dispones de un resumen de los componentes más destacados que puedes incluir en este tipo de trabajo.

- **Aspecto a trabajar:** (articulación, cambios de posición, cambios de registro, golpe de arco, grandes saltos o intervalos....).

- **Elementos clave:**

  * Postura natural y alineada.
  * La esencia del gesto: clarificar y simplificar la dificultad.

* Diversas modalidades sensoriales: sonora, visual, cinestésica.
* Imágenes evocadoras: muelles en los dedos, banda elástica, movimientos de animales como los felinos, el vaivén de un barco, el impulso de un calamar...

• Preguntas para supervisar la visualización:

* ¿Estoy realizando la acción en mi visualización con libertad y corrección?
* ¿Están libres mis hombros/brazos/codos/muñecas/manos/dedos?
* ¿Está libre mi nuca/garganta/mandíbula..?
* ¿Mantengo una postura alineada y abierta?
* ¿Están igualadas las notas?
* ¿Obtengo un buen sonido?

• **Recursos para operar con las imágenes**: detener, ampliar imagen, modificar velocidad, repetir, etc.

• **Autoinstrucciones verbales**: hombros libres, precisión, fácil...

• **Interpretando el fragmento en público**: una vez conseguida una visualización de calidad, imaginar su ejecución en público.

Elige un aspecto técnico concreto y trabájalo en diferentes sesiones de visualización. Registra la información que pueda resultar relevante en las diferentes categorías, o simplemente verifica que has realizado el trabajo.

ASPECTO TÉCNICO				
SESIÓN	Control	Supervisión	Operatividad	Experiencia
1				
2				
3				
4				

6

MEJORAR EL ESTUDIO

Los recursos que la práctica mental nos ofrece para conseguir sesiones de estudio más fructíferas son verdaderamente amplios. En este capítulo exploraremos diversas estrategias encaminadas a mejorar la lectura de las obras, y a resolver mejor las dificultades que se presentan en el estudio.

1. ANTES Y DESPUÉS DE LA SESIÓN DE ESTUDIO

«Dedicar tres minutos a pensar sobre tu estudio antes de empezar son más valiosos que pasar tres horas repitiendo sin sentido.»

Robert Gerlé. Violinista.

Es evidente que el estudio resulta imprescindible para alcanzar un buen rendimiento musical. Como demostró el psicólogo sueco K. Anders Ericsson en diversas investigaciones[26], son necesarias muchas horas de práctica acumulada para conseguir un nivel elevado de dominio en la interpretación musical. El estudio es insustituible. Un conocido chiste en el ámbito anglosajón refleja muy bien la necesidad de dedicarse intensamente a la práctica del instrumento si se pretenden alcanzar gran-

26. Ericsson, K.A., Krampe, R.T., Y Tesch-Römer, C. (1993). «The role of deliberate practice in the acquisition of expert performance.» *Psychological Review,* 100(3), 363–406.

des logros con él: un joven que lleva un estuche con un instrumento musical por las calles de Nueva York pregunta a un transeúnte cómo llegar al Carnegie Hall, y la respuesta que recibe no es otra que **¡estudiando, estudiando, estudiando!** [27].

En este primer apartado del capítulo nos centraremos en propuestas optimizadoras para los momentos previos y posteriores a una sesión de estudio. El objetivo es incentivar los procesos cognitivos y motores esenciales para un estudio efectivo.

Preparar la sesión de estudio

El siguiente procedimiento puede resultar muy útil al comienzo de una sesión de estudio, o simplemente antes de iniciar el trabajo de cualquier aspecto.

- Sitúate en la posición habitual para las visualizaciones. Es decir, con la espalda erguida y apoyada en el respaldo, los hombros abiertos y la cabeza alineada y centrada sobre los hombros

- Toma consciencia por unos momentos de tu cuerpo y de tu respiración.

- Clarifica qué es aquello que quieres trabajar en tu sesión de estudio, en función de:

   * Tus experiencias de estudio previas.
   * Tus necesidades o compromisos.
   * Cómo te encuentras ese día.

- Planifica a grandes rasgos la secuencia de tu trabajo (calentamiento, estudios, obras, fragmentos...)

- Date consignas dirigidas a realizar un buen estudio, y visualízalas durante unos segundos. Tanto el lenguaje como las imágenes representan una efectivo activador del pensamiento y de la acción.

---

27. El chiste en su versión original es el siguiente: How do you get to Carnegie Hall? - Practice, practice, practice!!! Si tienes curiosidad por leer sobre el origen del mismo, aquí dispones de un entretenido artículo del New York Times. *The Origins of That Famous Carnegie Hall Joke.* http://www.nytimes.com/2009/11/29/nyregion/29fyi.html?_r=0

* Quiero cuidar mi sonido/afinación/....
* Quiero mejorar mi forma de trabajar (concentración, objetivos más definidos y ajustados a mis posibilidades ...)
* Voy a cuidar el uso que haga del cuerpo: la postura, algún aspecto concreto...

• Aporta a tus palabras e imágenes un afecto positivo que contenga el gusto por mejorar y hacer cada vez mejor música.

* Puedes incluir la imagen de algún solista que te guste, o cualquier imagen que te motive. La situación de concierto próxima. Las ganas de expresar o comunicar.

• Trata de prestar una atención especial a aquello que quieres trabajar y llévalo a cabo de forma que suscite tu interés, tal como sugiere Madeline Browser[28].

• A partir de tu autoconocimiento y con el fin de realizar un buen trabajo, visualiza o piensa en cualidades que te puedan convenir.

* Calma, paciencia, perseverancia, sentido del humor, concentración ...

Revisar la sesión de estudio

Otra buena forma de mejorar la calidad del estudio consiste en revisar cómo lo llevamos a cabo. No es necesario hacerlo inmediatamente después de cada sesión, pero el mero hecho de reflexionar de vez en cuando sobre las líneas maestras de nuestra forma de trabajar, ejerce una influencia positiva para las siguientes ocasiones.

Cuando reflexionamos sobre cómo hemos estudiado, empleamos una interesante función ejecutiva denominada metacognición y que ya apareció en el capítulo 3. Esta habilidad del pensamiento nos informa de cuánto nos estamos acercando a nuestros objetivos musicales, y de la conveniencia y eficacia de las estrategias que utilizamos para conseguirlo. Un considerable número de investigaciones realizadas en diversos

---

28. Bruser, Madeline (1997). *The art of practicing*. Three Rivers Press.

ámbitos educativos, muestran que los estudiantes que realizan una actividad metacognitiva más elevada tienden a obtener mejores resultados[29].

• Puedes realizar esta experiencia tanto en la posición habitual de visualización como en la posición de descanso constructivo (posición semi-supina).

• Después de tomar brevemente consciencia de tu respiración y de tu cuerpo, recuerda a grandes rasgos cómo ha ido tu sesión de estudio.

• Si realizas este ejercicio una vez por semana, pregúntate cómo ha ido tu trabajo durante esos días. Deja que vayan a tu mente las ideas y las imágenes.

• Ayúdate de preguntas como:

    * ¿Qué impresión tengo de mi estudio?
    * ¿Qué cosas me han gustado del estudio de hoy?
    * ¿He trabajado de forma eficaz? ¿He aprovechado el tiempo de estudio?
    * ¿Estaba concentrado? ¿Qué suele facilitar mi concentración?
    * ¿He cuidado la postura y la libertad de movimientos?
    * ¿Qué suele conducirme a un nivel excesivo de tensión?
    * ¿Cuánto me he aproximado a mis intenciones de estudio iniciales?
    * ¿He anticipado en mi pensamiento lo que quería conseguir, o simplemente he repetido hasta que me saliera?
    * ¿Qué podría mejorar mañana en relación con mi actitud y con la calidad de mi estudio?

---

29. Hallam, S. (2001b). «The development of metacognition in musicians: Implications for education.» *British Journal of Music Education,* 18(1), 27–39.Coutinho S.A. y Neuman G. (2008). «A model of metacognition, achievement goal orientation, learning style and self efficacy.» *Learning Environ Res* DOI 10.1007/s10984-008-9042-7Zohar A. y David A.B. (2008) «Explicit teaching of meta-strategic knowledge in authentic classroom situations.» *Metacognition Learning* 3: 59–82.

Considera que estudiar bien es todo un arte que se refina con el tiempo, y en especial, con la continuada búsqueda de la excelencia musical. Cuanto más eficaz sea tu trabajo, más pronto te aproximarás a tus objetivos. La costumbre de anticipar y reflexionar sobre los medios que utilizas para llegar hasta ellos, te ayudará enormemente en esta tarea.

UNA APROXIMACIÓN DIFERENTE AL NUEVO MATERIAL

«Mediante el estudio mental la partitura se convierte en una especie de mapa en tres dimensiones, en una ruta topográfica interior en la que aparecen valles, montañas, ríos... Lo que me permite saber en todo momento dónde me encuentro.»

Josu de Solaun. Pianista

Los primeros pasos con una obra ejercen una influencia considerable sobre el trabajo posterior, e incluso sobre las actuaciones. Sin embargo, las prisas por pretender resultados inmediatos suelen conducir a menudo a una lectura deficiente de las obras. Esta precipitación incluye una excesiva tensión muscular, numerosos errores de lectura, interpretaciones estereotipadas, y una negativa y perdurable huella en la memoria que en nada favorece el sentimiento de seguridad necesario para actuar en público.

A continuación dispones de diversas propuestas de utilización del estudio mental y de la visualización para esta fase inicial de trabajo.

Convivir con el nuevo material

Tal como vimos en el primer capítulo, el concertista de piano Josu de Solaun dedica un tiempo considerable a trabajar mentalmente el nuevo repertorio antes de realizar el estudio con el instrumento. Este destacado solista aprovecha momentos como ir en metro para llevarse la partitura, leerla mentalmente, e ir descubriendo poco a poco su estructura y sus peculiaridades. En esta fase inicial de trabajo realiza también un análisis conceptual y libre de la obra utilizando sus propios parámetros. Toda esta exploración previa, que en ocasiones puede durar semanas o meses, tiene un sentido, generar una visión global de la obra y fertilizar el terreno para el minucioso estudio que posteriormente lleva a cabo con el piano.

Con el fin de contar con una representación gráfica, Josu de Solaun realiza en ocasiones un dibujo o esbozo de los puntos álgidos y demás acontecimientos significativos de la obra. Con el tiempo, los pasajes van encontrando su lugar en una especie de ruta musical interior. Su concepción arquitectónica de la música le lleva a conceder un gran valor a la espacialidad, lo que además enlaza con su gusto por el método mnemotécnico loci[30]. La elaboración de este mapa mental le permite ubicar cualquier acontecimiento musical en su contexto sonoro, en su contexto espacial.

El resultado de todo este proceso culmina en una sólida construcción interna que se traduce en un fortalecimiento de la memoria, en una enorme seguridad en el escenario y en un profundo compromiso musical, tan característico en este gran intérprete.

El concertista y profesor de piano en la Universidad Estatal de Houston, Josu de Solaun.

30. El método loci es un procedimiento de entrenamiento de la memoria basado en imaginar un itinerario que pasa por entornos familiares, a los que se va asociando el material que se pretende memorizar. Los eventos quedan por tanto más integrados visual y espacialmente. Locus, (loci en plural) es una palabra latina que hace referencia a lugar o sitio.

A continuación dispones de una propuesta con la que incentivar una aproximación diferente al nuevo material que vayas a trabajar. Puedes tomar como referencia la interesante experiencia que acabamos de ver, y adaptarla según tu criterio o necesidades.

- Concédete un tiempo para realizar una profunda lectura mental de la nueva obra antes de abordarla con el instrumento.

- Realiza un gráfico o mapa que refleje el recorrido musical de la misma y que incluya dibujos, colores, símbolos...

- Destaca en el mapa las partes significativas para ti, de forma que la secuencia de estos acontecimientos musicales quede claramente reflejada en él.

- Cuanto más personalizado sea tu mapa, mejores claves situacionales y de conexión de ideas musicales te aportará cuando te aproximes a las actuaciones.

Analizar la estructura

Una propuesta complementaria a la anterior en los primeros contactos con una nueva obra, consiste en dedicar un tiempo a realizar un sencillo análisis armónico y formal. En este caso, se trata de emplear tus recursos académicos y teóricos disponibles, con el fin de descubrir los cimientos y la estructura del material musical que vas a trabajar posteriormente con el instrumento o con la voz.

Josep Sanz, catedrático de composición en el Conservatorio Superior de Música de Valencia, propone una interesante tarea de análisis que consiste en la realización de una reducción de la partitura al menor espacio posible, de forma que la esencia de su estructura quede representada a modo de esquema. Ello permite al intérprete hacerse una idea de las proporciones formales de la obra, y también contribuye a facilitar su memorización posterior.

En el siguiente ejemplo vemos el esquema formal del Preludio en do mayor del Clave Bien Temperado de J.S. Bach realizado por el profesor Sanz. El análisis, que incluye el bajo descendente, nos muestra cómo es posible crear una forma a partir de un determinado proceso armónico.

Como puedes comprobar en la imagen, a través de este trabajo de síntesis generamos una clara instantánea que aporta claves facilitadoras de aspectos como la comprensión musical o la memorización.

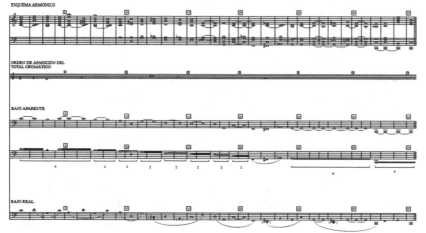

Esquema del Preludio en do mayor del *Clave Bien Temperado* de J.S. Bach realizado por Josep Sanz, catedrático de composición del Conservatorio Superior de Música de Valencia.

Sentar las bases de una buena actitud corporal en la lectura

Si concedes valor a leer con buena postura y libertad de movimientos, estarás plantando semillas que germinarán en forma de mayor bienestar y rendimiento en las siguientes fases de trabajo.

- Partimos de la posición habitual para las visualizaciones, con la espalda erguida con naturalidad, los hombros abiertos y la cabeza alineada y centrada sobre los hombros.

- Lee mentalmente una frase mientras mantienes una actitud corporal libre y abierta. Elige un *tempo* que te permita realizar un buen trabajo.

- Lee a continuación la misma frase con tu instrumento o cantando y comprueba que tu actitud corporal sigue siendo natural.

- Si lo consideras oportuno, vuelve a pasar la frase mentalmente enviándote mensajes que incentiven la soltura y libertad muscular:

    * Liberar muñeca/mandíbula/pulgar ..
    * Abrir hombros.
    * Postura erguida y libre.

- No es necesario que realices este trabajo con toda la obra. Puedes ir variando la parte de la misma en la que combinas lectura mental y ejecución física, mientras mantienes las bases de una buena disposición corporal. Comprobarás que progresivamente se produce un interesante efecto de transferencia con el resto del material de lectura. Consulta el capítulo anterior si quieres profundizar en el trabajo corporal mediante la visualización.

Estimular la creatividad

El contacto inicial con una obra representa un momento especial al que le podemos sacar mucho partido desde el punto de vista de la exploración y la creatividad.

- Pasa mentalmente o tararea una parte de la pieza simulando que tocas o cantas. Teatraliza las acciones y gestos que realizarías al interpretar una nueva obra. Añade movimientos corporales más amplios, baila si te apetece, camina por la sala, deja que se muevan tus brazos....

- Recuerda la interesante experiencia del dúo pianístico de los hermanos Luis y Víctor del Valle que vimos en el primer capítulo.

- Cuanto más suelto y libre te encuentres realizando tu particular interpretación gestual de la pieza, mejores sensaciones corporales grabarás en tu memoria muscular. Se trata en esencia de dejar una experiencia de libertad en los primeros contactos con el nuevo material, y de conectar mejor con la vivencia musical.

Ejercitar la lectura mental

Una agradable forma de agilizar la habilidad de leer mentalmente consiste en seguir una grabación de audio con la partitura. En la actualidad dispones en la red de aplicaciones como Spotify que aportan una enorme cantidad de material sonoro para realizar esta tarea.

- Comienza como siempre en una buena actitud corporal.

- Elige un material que se adecúe a tu nivel de lectura. Si quieres iniciarte en esta práctica puedes comenzar por obras para voz o instrumento y piano. Sigue inicialmente la voz superior en la partitura. Comienza por un tipo de repertorio sencillo de leer, como por ejemplo las sonatas barrocas para un instrumento y continuo: las sonatas para violín y continuo de J. S. Bach, o las sonatas para cello y continuo de A. Vivaldi, o L. Bocherini.

- En paralelo puedes disfrutar enormemente siguiendo con la partitura obras para piano. Te recomiendo comenzar con las sonatas para piano del periodo clásico, especialmente las sonatas de W. A. Mozart y J. Haydn, para posteriormente continuar con la obra de J. S. Bach, que entraña una mayor complejidad, e ir avanzando progresivamente por un repertorio más cercano a nuestros días.

- La lectura de cuartetos de cuerda, aunque de mayor complejidad, te aportará la posibilidad de ejercitar enormemente esta habilidad.

- Sácale el máximo partido a esta experiencia. Mientras lees mentalmente y escuchas la música, imagina buenas sensaciones corporales y mantén siempre una actitud positiva hacia la tarea que realizas.

- Si fuera necesario, clarifica aspectos de la lectura relacionados con el ritmo, las notas, intervalos... Cuanto más activa sea tu escucha, más beneficios obtendrás con esta práctica.

RESOLVER MEJOR LAS DIFICULTADES

«Cada día me muevo hacia aquello que no entiendo.
El resultado es un aprendizaje accidental continuo
que da forma a mi vida constantemente.»

Yo-Yo Ma. Cellista

«Nunca he resuelto un problema mecánico o
interpretativo importante en el teclado.
Siempre lo he resuelto en mi mente.»

Jorge Bolet. Pianista

Cuando nos topamos con obstáculos durante el estudio solemos volvernos impulsivos, con lo que el trabajo resulta menos efectivo. Albergando la esperanza de que el problema se resolverá mediante múltiples repeticiones, no somos conscientes de que el oído se aturde, y de que cada vez trabajan más músculos innecesarios. La calidad de nuestro estudio depende en gran medida de nuestra particular manera de manejarlas las dificultades.

La práctica mental representa en estas situaciones una interesante herramienta para recobrar la perspectiva y resolver de forma estratégica las dificultades. Unas pequeñas conquistas llevan a otras mayores, y así sucesivamente hasta aproximarnos al máximo al objetivo final.

A continuación dispones de diversas propuestas que te ayudarán a afrontar mejor las dificultades. Adapta o modifícalas en función de tu criterio, y sobre todo desarrolla al máximo tu flexibilidad interna para hacer frente a los problemas que se presentan. La flexibilidad mental y la capacidad de adaptación constituyen cualidades que nos interesa incentivar en el estudio. Raul Sternberg[31], uno de los más reconocidos expertos en el área de la inteligencia, concede un gran valor a dichas cualidades. Este profesor de psicología de la Universidad de Yale considera que la flexibilidad representa una característica esencial para un

---

31. Sternberg, Robert J. (1985). *Beyond Iq: A Triarchic Theory Of Human Intelligence*. New York: Cambridge University Press. Sternberg, Robert J. (2007). *Wisdom, Intelligence, And Creativity Synthesized*. New York: Cambridge University Press.

pensamiento eficaz, así como para una adecuada y creativa resolución de problemas.

Clarificar y avanzar

En esencia, cuando nos encontramos con una dificultad en relación con un pasaje, necesitamos salvar la discrepancia existente entre el rendimiento que somos capaces de ofrecer en un momento dado, y el resultado final que pretendemos obtener. La visualización nos sirve para anticipar el lugar hacia el que queremos ir proyectándonos hacia el futuro, mientras que la práctica real nos permite comprobar cuánto nos falta para llegar. Si aprendemos a combinar estos dos procedimientos de forma inteligente, mejoraremos el trabajo que necesitamos realizar para superar las dificultades.

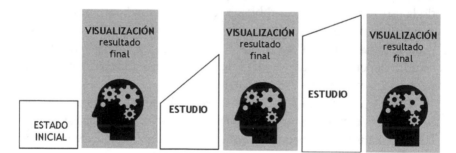

Clarificar

- Pasa mentalmente el pasaje difícil. El objetivo inicial es clarificar el contenido, descodificar la información escuchando las notas con tu oído interior. Activa tus recursos internos para conseguirlo:

    * Decide por dónde empezar...
    * Reduce la velocidad.
    * Detente las veces que sea necesario.
    * Retrocede....

Es muy importante realizar bien este paso, porque sobre él construimos los siguientes.

* ¿Están claras todas las notas y las digitaciones, posiciones, arcos...? Si no es así, culmina esta tarea yendo a aquellos puntos que todavía necesitan más luz.
* Concédele importancia a cada pequeña tarea que realizas, de esta forma generarás un estado de ánimo positivo que te flexibilizará y ayudará en el proceso de avance.

Analizar

- Ahora nos encontramos en mejor disposición para hacer frente a las dificultades que pueda presentar el pasaje. Cada tipo de dificultad requiere una aproximación diferente. No es lo mismo trabajar un pasaje complejo por su elevada velocidad, que otro en el que la dificultad estriba, por ejemplo, en conseguir un buen sonido en las notas agudas.

- Represéntate mentalmente el resultado final del pasaje con todas las características que quieres que posea: precisión, calidad de sonido, etc. Nuestra mente necesita disponer de una imagen interna capaz de poner en marcha mecanismos de búsqueda y aproximación hacia el objetivo. Visualizar con nitidez lo que deseamos conseguir en cada momento nos impulsa enormemente hacia ello. Las siguientes preguntas pueden ayudarte en esta tarea.

  * ¿Qué quiero conseguir en este pasaje....?
  * ¿Cómo quiero que suene este pasaje?
  * Poner en primer plano de la visualización el aspecto prioritario (Afinación, calidad del sonido, interpretación, precisión, ...)
  * ¿Cómo quiero hacerlo corporalmente?
  * Visualizar la sensación de un gesto natural y preciso (imagen visual, cinestésica, táctil).

- Prueba ahora a ejecutar físicamente el pasaje (tocarlo o cantarlo). Escucha el resultado, y si fuera el caso, pregúntate qué es lo que puede impedir que salga. Ejercita tu capacidad de observación y de análisis. Algunas circunstancias que suelen interferir en la superación de una dificultad son:

* Tensión muscular excesiva que obstaculiza la realización de movimientos precisos.
* Postura forzada. Posición inadecuada del brazo/mano/ dedos/labios/ espalda/cabeza... que impide un movimiento eficaz.
* Carencias técnicas concretas que es necesario subsanar con trabajo.
* Haber tomado excesivo aire o lo contrario (cantantes e instrumentistas de viento).
* No tener claro lo que se pretende conseguir.
* Falta de confianza en uno mismo.
* Encontrarse demasiado ansioso o tener excesiva prisa por conseguir resultados.

Avanzar constructiva y estratégicamente

• Desarrolla mediante preguntas tu lado más estratégico:

* ¿Qué paso me conviene dar ahora?
* ¿Tiene sentido aumentar la velocidad tan precipitadamente?
* ¿Está suficientemente consolidados los pasos que he dado hasta ahora?

• Respeta los plazos naturales. Las personas que comprenden y aceptan que construir algo de calidad requiere tiempo y esfuerzo mantenido, presentan más probabilidades de tener éxito en su tarea.

• Si cuando te enfrentas a dificultades, consideras el estancamiento e incluso el aparente retroceso como parte consustancial al proceso de aproximación a tus objetivos, tenderás a persistir más y mejor en la tarea.

• Cuando te encuentres muy encima de un pasaje «imposible», detente un momento y respira. Tomate un par de minutos para centrar toda tu atención en la respiración y en tus sensaciones corporales. Esto te ayudará a recobrar tu centro y a reconducir tu trabajo. Practicar brevemente alguna de las propuestas de relajación que vimos en el capítulo 3 puede ayudar a rebajar tu nivel de activación.

Simplificar

- Descompón el pasaje o la dificultad en elementos más asequibles. Combina la visualización con la acción real.

   * Utiliza pausas para visualizar o anticipar la siguiente acción antes de realizarla.

- Represéntate lo esencial de la dificultad. Genera en tu mente vídeos a cámara lenta para comprender y supervisar la acción que correcta que necesitas realizar.

- Trabaja a un *tempo* que te permita visualizar un buen resultado. En los pasajes en los que la elevada velocidad sea el problema, juega siempre con dos velocidades:

   * La final: te dará información de lo que necesitas desarrollar.
   * La estratégica: aquella que te permite alcanzar un buen rendimiento actualmente, y que poco a poco te conducirá a la velocidad final.

- Identifica y corrige tanto en la visualización como en la acción real aquello que no está bien en los planos:

   * Sonoro.
   * Corporal.
   * Actitud.

La visualización te ayudará a clarificar los elementos que entran en juego, y cómo se relacionan entre sí. Ello facilitará que se activen mejor los procesos de pensamiento que contribuyen a dar pasos más certeros en la resolución de problemas. A continuación dispones de un sencillo esquema para recordarte los pasos principales que acabamos de ver.

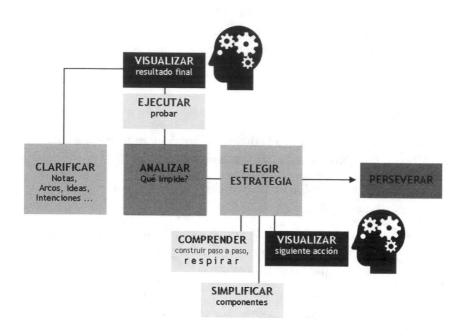

La calidad del estudio puede incrementarse enormemente si incluimos en él la práctica mental. Con ello nos encontraremos en mejor
disposición para afrontar las actuaciones, el tema principal que aborda-
remos en nuestro siguiente y último capítulo.

IDEAS CLAVE

- El estudio es necesario para desarrollar las habilidades cognitivas y motoras implicadas en la actividad musical.

- Visualizar los asuntos principales que pretendemos trabajar con anterioridad a la sesión de estudio, contribuye a activar mejores procesos de aprendizaje.

- La reflexión sobre cómo hemos realizado el trabajo diario o semanal nos permite introducir ajustes que optimicen nuestro estudio posterior.

- El contacto inicial con una nueva obra sin el instrumento contribuye a conocer mejor su estructura, y aporta considerables beneficios para el estudio real

- Si en la fase de lectura incluimos actitudes corporales saludables, sentamos las bases de acciones más libres y naturales en etapas de estudio posteriores.

- Las dificultades que surgen en la partitura pueden superarse mejor mediante una actitud flexible, junto con la utilización de la práctica mental y de las habilidades ejecutivas de pensamiento.

PROGRAMA DE PRÁCTICA MENTAL

ANTES DE LA SESIÓN DE ESTUDIO

A continuación dispones de unas preguntas que te ayudarán a activar tu mente para realizar sesiones de estudio más provechosas. Piensa que mejorar la manera de estudiar nos acerca en definitiva más a la música. Parte de la posición habitual de visualización y tómate unos momentos previos para conectar con tu respiración y con las sensaciones de tu cuerpo.

✔ ¿Qué es importante trabajar hoy? ¿Por qué?

✔ ¿Cómo lo voy a llevar a cabo?

✔ ¿Qué cualidades personales quiero tener presente hoy en mi estudio?

✔ ¿Cómo las puedo ejercitar?

✔ ¿Tengo planificadas las pausas?

✔ Visualizo una imagen/frase/idea que me motive a estudiar.

DESPUÉS DE LA SESIÓN DE ESTUDIO

Tómate un par de minutos después de alguna de tus sesiones de estudio para reflexionar. Escribe brevemente tus comentarios, y desarrolla mediante ellos una actitud constructiva y positiva en relación con tu estudio.

✔ Aspectos que me han gustado de mi estudio de hoy

_____

_____

_____

✔ Grado de aprovechamiento del tiempo de estudio

_____

_____

_____

✔ ¿He cuidado mi postura? ¿He comprobado si me encontraba libre?

_____

_____

_____

✔ ¿Cuál ha sido el grado de concentración?¿Cuándo he estado más concentrado?

_____

_____

_____

✔ ¿Tenía objetivos definidos de mejora durante el estudio?

_____

_____

_____

✔ Posibles mejoras en mi estudio para mañana.

_____

_____

_____

FASE DE LECTURA

Este resumen de las diversas propuestas para la fase de lectura que hemos visto en el capítulo puede ayudarte a experimentar con ellas y ver cuáles te aportan más ventajas.

✔ **Lectura mental.**

Trabajo de lectura desde la partitura. Clarificar las notas, conocer los motivos musicales, explorar las conexiones y la estructura.

✔ **Gráfico personal del recorrido.**

Confeccionar un gráfico personalizado de la secuencia de acontecimientos musicales. Utilizar dibujos, colores, símbolos ....

✔ **Análisis, reducción.**

Realizar un análisis formal y de la estructura de la obra. Reducirla en el menor espacio posible para disponer de una visión de conjunto.

✔ **Visualizar buena actitud corporal - ejecutar.**

Alternar la lectura mental teniendo presente una buena disposición corporal, con la ejecución. Avanzar frase a frase.

✔ **Estimular la creatividad y la expresión.**

Sírvete de movimientos, de tu voz o de cualquier otro elemento de expresión corporal para escenificar las ideas musicales.

✔ **Leer y escuchar.**

Escucha diversas versiones de audio de la obra que vas a trabajar mientras sigues mentalmente la partitura.

RESOLUCIÓN DE DIFICULTADES

El siguiente guión está diseñado para incentivar una forma flexible y constructiva de hacer frente a los problemas que surgen en las sesiones de estudio (pasajes difíciles, dificultades de todo tipo ...). Considera esta propuesta como un impulso para motivarte a encontrar por ti mismo alternativas para superar los obstáculos, en lugar de intentarlo solo mediante repeticiones sin sentido.

✔ **Dificultad:**

_____

_____

_____

✔ **Visualizar el resultado final deseado.**
   Vívido, realista, afecto positivo.

✔ **Ejecutar y probar.**

✔ **Análisis de posibles impedimentos:**

     * Corporales
     * Psicológicos, actitud
     * Otros

✔ Estrategia/s de trabajo:

_____

_____

_____

✔ Combinar visualización y acción real.

✔ Auto-diálogo para mantener la calma, realizar un buen trabajo:

_____

_____

_____

✔ Stop. 2 minutos de consciencia de la respiración y del cuerpo.

✔ Perseverar con la práctica.

7

VISUALIZAR ACTUACIONES SATISFACTORIAS

La práctica mental cobra especial protagonismo en la preparación de las actuaciones. En la seguridad que nos aporta nuestro trabajo interior podemos ejercitar todas aquellas cualidades que queremos que jueguen a nuestro favor en un concierto. Los temas principales que se tratan en este capítulo son la concentración durante las actuaciones, cómo manejar el nerviosismo escénico, la reestructuración de los modelos de pensamiento, y el compromiso personal con nuestros valores musicales y humanos.

CONCENTRARSE EN LA INTERPRETACIÓN

«En los conciertos focalizo mi atención totalmente en el momento, en cada nota, sin pensar en qué he hecho antes o en qué viene después.»

José Franch. Clarinetista

Una intensa concentración en la música representa una de las cualidades que más puede ayudar a canalizar el verdadero potencial del intérprete en las actuaciones. El objetivo consiste en desarrollar un foco de atención en la interpretación lo suficientemente sólido, como para no dar cabida a distracciones que nos resten una completa implicación en la tarea. Los distractores en una actuación son numerosos. Unos parten de fuera, como las toses y demás perturbaciones habituales, y otros son internos, como tratar de luchar contra la preocupación y el miedo escénico, quedarse atascado en pequeños errores que se producen, o distraerse en asuntos que nada tienen que ver con la interpretación.

El solista José Franch, del que en el capítulo 2 vimos su particular forma de practicar mentalmente, utiliza una interesante imagen que le ayuda a mantener la atención durante sus actuaciones completamente en el presente. Franch visualiza la línea, que al activar la opción de reproducir en los editores de partituras como el Finale o Sibelius, avanza con la pulsación y señala el tiempo concreto por el que transcurre la música.

El clarinetista internacional José Franch en concierto.

Este destacado clarinetista ejercita deliberadamente la habilidad de mantenerse continuamente focalizado en seguir esta línea imaginaria. Ni lo que ha sucedido antes es importante, ni tampoco lo posterior. Como señala J. Franch, si en un concierto pretendes analizar sobre la marcha lo que acabas de hacer o lo que vendrá, es muy fácil desconcentrarse, equivocarse y ponerse nervioso. La interpretación requiere todo nuestra atención, **absolutamente toda** y en cada momento, y eso es necesario entrenarlo.

Dirigir la atención a la música

Tal como observa el psicólogo especializado en las artes escénicas Glenn Willson[32], el miedo escénico presenta una menor incidencia cuando el intérprete dirige la atención a la música en las actuaciones, en lugar de hacerlo sobre sí mismo (cuestionando aspectos que tienen que ver con la propia apariencia o con cómo uno está interpretando), o sobre la audiencia (quién puede estar presente, si le gustará o no la interpretación ...). El reto consiste en redirigir la atención una y otra vez hacia los aspectos artísticos y expresivos de la música, reduciendo el espacio a la preocupación o a las dudas sobre uno mismo. Es una cuestión de disciplina mental y de priorizar la música por encima de otras cuestiones, lo que incrementa un control efectivo en situaciones de presión especialmente.

Alan Kovacs, catedrático de viola en el Real Conservatorio Superior de Música de Madrid y reconocido especialista de la obra de Béla Bartók[33], otorga una gran importancia en su labor pedagógica a generar un orientación continua hacia la música. Las habilidades técnicas que sus alumnos desarrollan al preparar el concierto para viola de Bartók o una de las Sonatas de Paul Hindemith, contienen siempre una esencia musical. El propio Alan Kovacs se considera a sí mismo un músico más que un violista, y trata de incentivar en sus alumnos esta visión más amplia de la interpretación. Con el paso del tiempo la interacción profesor/alumno en torno a esta fructífera búsqueda musical deja una interesan-

32. Wilson, Glenn 1994. *Psychology for Performing Artists*. Londres, Jessica Kingsley Pub.

33. Kovacs, Alano (2013). *Una propuesta metodológica: el Método Metarretórico Musical y su aplicación a mi interpretación del primer movimiento del Concierto de viola de Béla Bartók*. (Tesis doctoral inédita). Universidad Rey Juan Carlos, Madrid.

te huella. La calidad interpretativa y expresiva representa el incentivo principal del trabajo, lo que contribuye enormemente a que se generen en estos estudiantes esquemas mentales de funcionamiento muy saludables. El pensamiento se habitúa a orientar todo su interés hacia una producción musical de calidad, lo que lleva en paralelo una menor vulnerabilidad al miedo escénico.

Alan Kovacs, catedrático de viola en el Real Conservatorio Superior de Música de Madrid y destacado especialista en la obra de Béla Bartók.

Con la vista puesta en las actuaciones en público, el siguiente ejercicio de visualización te ayudará a practicar la habilidad de dirigir tu atención a la música. Puedes complementar la visualización con autoinstrucciones verbales que funcionen como claves activadoras de tu implicación musical.

- Trabaja con la partitura de una obra que vayas a interpretar en público y utiliza post-its pequeños que puedas colocar en ella. Escribe en ellos palabras o frases muy breves que funcionen como desencadenantes de tu interés por algún aspecto musical relevante. Puesto que se trata de una tarea muy personal, tómate tu tiempo para elegir aquellos mensajes clave que te resulten más activadores. Aquí tienes algunos ejemplos:

1. En relación con la expresión y la interpretación: cantando, expresivo, suave, intenso, fluir, energía...

2. En relación con el sonido: centrado, con cuerpo, amplio, rico, proyectar ...

3. Otras cuestiones...

• Si te ayuda, añade en los mensajes símbolos, dibujos o colores.

• Distribúyelos por la partitura sin que su cantidad llegue a saturar a la vista o al pensamiento.

• Una vez tengas confeccionados los mensajes y colocados sobre la partitura puedes practicar de diversas formas:

1. Utiliza una grabación de audio de la obra (puede ser tuya o de algún intérprete que te guste). Mientras escuchas la interpretación sigue mentalmente la partitura y di en voz alta o piensa mientras se van sucediendo, los mensajes que has escrito.

2. Se trata de la misma tarea, pero en esta ocasión en lugar de ponerte una grabación, visualízate a ti mismo interpretando la obra. Mientras pasas en tu interior la música, di en voz alta o piensa los mensajes mientras se van sucediendo.

• Después de unas cuantas experiencias de visualización como la anterior, prueba a realizar la misma tarea ejecutando la música realmente. La acción de darte los mensajes o claves interpretativas se encontrará en parte automatizada y no te restará carga cognitiva (atención).

• El objetivo de estos mensajes reside en que te ayuden a dirigir o redirigir la atención a la interpretación cuando actúes en público. Algunas de las características de estas claves verbales son:
    * Objetivos musicales muy definidos y significativos para ti.
    * Que reflejen tu interés genuino por la música.

* Que te impulsen a una entrega completa en tu tarea como intérprete.

Buscar la excelencia

Cuando perseguimos algo a lo que le otorgamos un verdadero valor, tendemos a mantener la atención con naturalidad. La siguiente práctica de visualización te ayudará a desarrollar gradualmente un foco de atención hacia la búsqueda de la excelencia, y a generar a su vez el hábito de disciplinar tu mente para que se entregue con dedicación a esta tarea.

• Visualízate a ti mismo interpretando las primeras frases de una obra que tengas bien trabajada.

• Centra toda tu atención en un solo aspecto (la calidad del sonido, el cuidado de la interpretación, la precisión, la afinación...). Genera en tu visualización la mayor calidad posible en ese área. Siéntete a ti mismo totalmente involucrado en crear una calidad excelente en esas frases iniciales.

• Activa tu parte emocional y experimenta el gusto y motivación por el hecho de cuidar al máximo en tu imaginación el aspecto que has elegido.

• Desecha cualquier actitud perfeccionista o rígida que enfatice la ausencia de errores por encima de otra cosa. Cultiva por el contrario la búsqueda de la calidad, de la excelencia, y experimenta al mismo tiempo el afecto positivo que esta búsqueda te produce.

• Realiza la misma tarea con otro aspecto. No es necesario que sea sobre el mismo pasaje. Lo importante es que establezcas contigo mismo el compromiso personal de mantener la mayor calidad posible en la visualización en este nuevo aspecto.

• En otro momento, plantea la tarea de forma más global. Es decir, aglutina las cualidades anteriores en torno a la búsqueda de la excelencia musical, interpretativa y expresiva.

• Mientras realices esta práctica, sé consciente de tu actitud y pensamientos. Comprueba si realmente te encuentras centrado al 100% buscando la excelencia, o por el contrario tu mente se dispersa en otras cuestiones.

Estudiar mentalmente

Estudiar mentalmente representa una muy buena forma de ejercitar la concentración. El reto que supone para nuestra mente imaginar el sonido o el gesto de un pasaje musical, implica un ejercicio muy beneficioso para el desarrollo de esta cualidad.

• Parte de sesiones de estudio mental breves en las que potencies tu compromiso con generar imágenes nítidas y vivas (sonoras, visuales, cinestésicas).

• Permanece mentalmente ocupado acercándote al objetivo o propósito que has establecido para tu sesión de estudio mental.

• Desarrolla tu capacidad de dirigir tu actividad cognitiva (decidir por donde empiezas, tomar decisiones del *tempo* que empleas, fijarte objetivos concretos, comprobar si los vas cumpliendo ...)

• Concede verdadera importancia a permanecer concentrado, y supervisa que te encuentras focalizado en la tarea sin que se produzcan distracciones.

• Amplía poco a poco la duración de tus sesiones de estudio mental. Si ponderas la calidad de tu trabajo sobre la cantidad, te resultará cada vez más natural aumentar el tiempo que permaneces concentrado.

• Sé constante con la práctica mental. De esta manera conseguirás crear el positivo hábito de dirigir tu actividad cognitiva, y de focalizar y mantener tu atención.

MANEJAR EL NERVIOSISMO

> «La perfección no es muy comunicativa.»
> *Yo-Yo Ma. Cellista*

El miedo escénico supone un grave inconveniente para muchos músicos. La experiencia de rendir en momentos decisivos muy por debajo del verdadero potencial genera desánimo en niños, jóvenes y adultos, y debería ser motivo de una profunda reflexión en el ámbito musical.

Desde los recursos que aporta la práctica mental podemos emprender un trabajo personal que nos acerque a mejores sensaciones y mayor satisfacción en las actuaciones. En *Cómo preparar con éxito un concierto o audición* quise subrayar que la preparación para una actuación resulta incompleta si se centra única y exclusivamente en resolver las cuestiones técnicas e interpretativas. Además de haber estudiado conveniente y suficientemente, es necesario hacer frente a las interferencias que surgen sobre el escenario y que reducen en mayor o menor medida el rendimiento del músico.

Exposición gradual mediante visualización

Cuando sentimos un miedo intenso ante la actuación tendemos a evitar por todos los medios los pensamientos y las sensaciones asociadas a él. La excitación producida por la adrenalina se vive como una amenaza, y desencadena una espiral de mayor nerviosismo y rechazo. Sin embargo, las investigaciones sugieren que tratar de evitar el miedo no solo mantiene el problema, sino que lo agrava.

Con el entrenamiento mental adecuado podemos aprender a afrontar mejor las sensaciones que suscita esta intensa emoción. Los depósitos de pensamientos negativos e irracionales responsables del miedo exagerado que se hayan almacenados en nuestro cerebro, se reducen si realizamos una exposición gradual y continuada a la fuente de ansiedad. El positivo efecto de ello es que conseguimos liberarnos progresivamente de sus perjudiciales consecuencias.

Uno de los intentos que en los últimos años se han llevado a cabo para encontrar una forma de ejercitar la exposición y habituación a esta fuente de ansiedad ha sido desarrollado en el Royal College of Music de Londres[34]. Se trata de un simulador de alta tecnología que ofrece a los estudiantes la oportunidad de ejercitar las actuaciones en público. Aaron Williamon, profesor de Ciencias de la Ejecución (Performance Sciences) en dicho centro, considera que los estudiantes aprenden demasiado tarde, si es que lo consiguen, a manejar el nerviosismo de las actuaciones. De ahí la conveniencia de emplear recursos como este moderno simulador de realidad virtual.

Práctica de la exposición mediante visualización

Tomando como referencia la técnica de la desensibilización sistemática de Joseph Wolpe[35] vamos a visualizar la situación de actuación con la intención de romper el hábito condicionado miedo/evitación. La metodología utilizada consiste en permanecer gradualmente expuestos a aquello que nos produce miedo, hasta que con la repetición se reduce la ansiedad y nos es posible contemplar la situación de otra forma. Es aconsejable realizar esta práctica con un profesional cualificado de la psicología en el caso de que tus niveles de ansiedad sean muy elevados.

- Realiza una breve práctica de relajación antes de comenzar la visualización. Como vimos en el capítulo, esto te ayudará a disponer de imágenes más vivas.

- Planifica cuándo y dónde vas a llevar a cabo la visualización y clarifica con antelación en qué va a consistir tu visualización:

  * La situación concreta sobre la que se quieres trabajar (una prueba, audición).
  * La indumentaria que llevarás. Como vimos en el capítulo 2, ir vestido durante la visualización como lo ha-

34. (2015, Marz. 22). *Concert hall simulator helps musicians prepare to perform*. Recuperado de www.theguardian.com/music/2015/mar/22/musicians-virtual-reality-technology-prepare-live-performances

35. Wolpe, J. (1981). *Psicoterapia por inhibición recíproca*. Desclée de Brouwer, Bilbao.

rás en el concierto ayuda a representarte la situación con mayor realismo.

* El material musical utilizado: pasajes, obras.
* *Tiempos* elegidos.
* Duración de la práctica.
* Número aproximado de repeticiones a realizar.
* Cuándo concluir la sesión: Es fundamental acabar la sesión solo cuando la ansiedad generada por la exposición haya disminuido.

• Visualizar de la forma más vívida posible la situación de concierto. Si no conoces el lugar donde vas a actuar puede ser conveniente conseguir alguna fotografía del mismo con el fin de recrear al máximo el entorno.

Además del lugar incluye en tu visualización:

* El momento previo a salir al escenario.
* La salida, los aplausos de bienvenida y el saludo al público.
* La disposición del escenario y el público, la iluminación.
* El momento de afinar, colocar las partituras y disponerse a comenzar.
* El comienzo de la actuación...

• Mientras visualizas toma consciencia de las sensaciones, de la respiración y del nivel de tensión muscular, permitiendo en todo momento que se manifieste el miedo libremente.

• Incorpora también autoinstrucciones verbales encaminadas a dirigir mejor el curso de la visualización y a enfatizar actitudes beneficiosas de afrontamiento. Aquí tienes algunos ejemplos útiles:

* Aceptar el nerviosismo me va a ayudar a realizar mejor lo que quiero.
* Dejo que aparezcan los nervios. Sé que es normal.
* Dirijo mi atención a la música a pesar de que estoy nervioso.
* Canalizo esta activación en positivo.

• Acaba la visualización solo cuando los niveles de nerviosismo hayan disminuido.

Evaluar de otra manera el nerviosismo

El nerviosismo antes de iniciar un concierto incluye también aspectos positivos que merece la pena considerar. Lo que vamos a hacer nos importa, y por este motivo, momentos antes de la actuación la adrenalina inunde el torrente sanguíneo cumpliendo una clara misión: activarnos y mantenernos alerta para dar lo mejor de nosotros mismos. Se trata de una respuesta natural que potencia nuestros recursos cognitivos y nos sitúa en una disposición especial para conectar con el público.

El problema aparece cuando interpretamos el incremento de nuestro nivel de activación (nerviosismo) como una señal de peligro, en lugar de evaluarlo como un potenciador natural de nuestros recursos comunicativos. La conocida sensación de «mariposas en el estómago» que se experimenta justo antes de salir al escenario se convierte en el detonante del pánico, en lugar de aceptarla como una manifestación normal del reto que supone actuar. Al sentirnos «nerviosos» (más activados fisiológica y cognitivamente hablando) nos ponemos mucho más nerviosos, desencadenando una espiral de miedo y preocupación de la que resulta complicado salir.

Las investigaciones muestran que gran parte de la mejora del miedo escénico paralizante comienza precisamente por aceptar la existencia del miedo y aprender a convivir con él, aprender a manejarlo. El miedo sigue estando, pero al evaluarlo como algo consustancial a la situación y dejar con libertad que se manifieste, lo podemos canalizar mejor. Cuanto más nos familiarizamos con la situación de actuación menos se activa el mecanismo de lucha/huida, con lo que conseguimos reducir sus interferencias. Mediante la exposición y el afrontamiento continuado, muchos de nuestros miedos irracionales acaban por disolverse. Este objetivo es en esencia lo que persigue tanto el simulador del Royal College of Music de Londres, como el ejercicio de desensibilización sistemática que acabamos de ver.

RECONDUCIR EL PENSAMIENTO Y AFIRMAR EL COMPROMISO CON LOS PROPIOS VALORES

> «Si la carrera se convierte en algo más importante que la música,
> tu alma se vuelve vacía.»
>
> *Steven Isserlis. Cellista*

> «Pero la música, ¿no lo sabes?, es un sueño del que se han
> levantado los velos.
> Ni siquiera es la expresión de un sentimiento,
> es el sentimiento mismo.»
>
> *Claude Debussy (1862-1918)*

Si desde el temblor del arco o de las manos consiguiéramos dar marcha atrás, y rastrear la secuencia de acontecimientos psicológicos que tienen lugar en nuestra mente, conseguiríamos finalmente identificar a los verdaderos antecedentes del miedo. Nuestros patrones o esquemas de pensamiento son los responsables de nuestro funcionamiento en el escenario. Los esquemas de pensamiento que suelen relacionarse con índices más elevados de miedo escénico contienen elementos como los siguientes:

▶ Perfeccionismo y autocrítica exagerados.
▶ Una concepción limitada de la interpretación musical.
▶ Un foco de atención excesivo en uno mismo.
▶ Identificación del rendimiento musical con la valía personal.

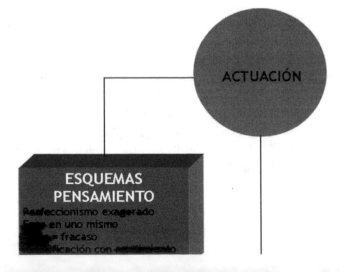

El primer paso para conseguir un control natural en el escenario consiste en identificar y corregir las exageraciones negativas de nuestra mente, y potenciar al mismo tiempo los pensamientos que alienten nuestra confianza y determinación. Cuerpo y mente se encuentran indisolublemente conectados y se retroalimentan de continuo. Si pretendemos mantener el pulso tranquilo en una nota larga durante una actuación es necesario disponer de un estado mental que lo propicie. El *software* que utiliza nuestro cerebro necesita estar saneado y libre de virus.

Modificar los pensamientos exagerados

Las siguientes propuestas están dirigidas a incidir positivamente sobre los patrones responsables de nuestras reacciones y funcionamiento en público.

Autoconocimiento

Comenzamos con un breve trabajo de autoconocimiento encaminado a identificar en nuestro interior posibles desencadenantes del miedo escénico. Siéntate para ello adoptando la postura habitual que hemos empleado en las visualizaciones, toma por un momento contacto con tu respiración y con tus sensaciones corporales y trata de contestar a las siguientes preguntas:

▶ ¿Adónde suelo dirigir mi atención cuando estoy sobre el escenario?

▶ ¿Cuál es mi verdadera motivación en la música?

▶ ¿Qué características debería tener una actuación en público para sentirme satisfecho?

▶ ¿Qué es lo que más valoro en una actuación?

▶ ¿Cómo reacciono cuando cometo un error?

La naturaleza de nuestros pensamientos y nuestras creencias tienen mucho que decir en relación con las respuestas automáticas que aparecen en situaciones de presión. En la medida en la que tu visión sobre aspectos clave de la actividad musical sea más sana y constructiva, mejorará tu disposición en dichas circunstancias.

Detención del pensamiento y auto-diálogo positivo

Lo que nos decimos a nosotros mismos ejerce una influencia decisiva en nuestro estado de ánimo. La enorme exigencia en el contexto de la música clásica se traduce muy a menudo en un auto-diálogo especialmente crítico y negativo, en una pequeña voz que nos recrimina continuamente todo aquello que no hacemos bien y que además anticipa los mayores desastres.

El objetivo de esta práctica consiste en transformar tu voz crítica en un estímulo para la acción. Para conseguirlo con éxito necesitas ser consciente de tus propios pensamientos y desarrollar la habilidad de operar con ellos.

- Ejercítate en la tarea de identificar pensamientos negativos que te desestabilizan y que desencadenan en ti un exceso de preocupación. Estos pensamientos suelen incluir elementos generales o absolutos: siempre me equivoco, todo está desafinado, nunca lo conseguiré ....

- Piensa que esos pensamientos son el fruto de experiencias y aprendizajes previos, que puedes cambiar y mejorar. De momento lo mejor que puedes hacer con ellos es aceptarlos y saber que aunque parezcan reales no tienes por qué creértelos. Representan simplemente el fruto de unos esquemas mentales poco adaptativos (muy comunes en el serio mundo de la música clásica).

- Practica la detención del pensamiento. Esta técnica consiste simplemente en que desarrolles tu capacidad de tener el aluvión de pensamientos derrotistas, y sustituirlo por pensamientos que estimulen tu valor y determinación. Saca una pancarta imaginaria en la que se lea claramente: ¡Stop!, dejo de pensar de esta manera.

- Ten preparada frases de ánimo que incentiven tus cualidades positivas.

- Sé perseverante con este procedimiento con el propósito de que se automatice en ti mismo el mecanismo que se encargue de sustituir los pensamientos negativos por un planteamiento más racional y positivo.

Pensamientos amenazantes y negativos

STOP

Enfatizar cualidades positivas

Visualiza las cualidades que quieres que aparezcan en público

Esta visualización tiene como objetivo orientar todas nuestras energías hacia aquello que pretendemos lograr, en lugar de hacerlo hacia aquello que queremos evitar (posibles errores, fracaso...).

- Parte de la posición habitual de visualización y centra durante unos segundos la atención en tu respiración.

- Visualízate a ti mismo saliendo al escenario con determinación y con ganas de hacer música y compartirla con el público.

- Antes de comenzar tu actuación imaginaria, date ánimos y disponte internamente a orientar toda tu motivación hacia la música y la interpretación.

- Comienza imaginándote a ti mismo actuando con seguridad y experimentando con intensidad la emoción de confianza y valor.

- Mientras continúas interpretando, enfatiza tu concentración en la música y en los sentimientos positivos de determinación y entrega.

- Ayúdate de movimientos corporales expresivos que contribuyan a que tu experiencia emocional sea intensa y positiva.

Cuidar tu puesta en escena

Cuidar nuestra disposición corporal y personal sobre el escenario puede representar una interesante ayuda, tanto para mejorar la calidad de nuestro mensaje musical como para aportarnos seguridad. Dejar para el último momento estas cuestiones o improvisarlas sobre la marcha, suele conducir a interferencias indeseadas que afectan a la concentración y al nivel de control del músico.

Conocerse a uno mismo en situación de actuación, resulta imprescindible para dar los primeros pasos en esta tarea. Con el tiempo conseguirás configurar las características que más se ajusten a tus gustos y a tus objetivos comunicativos en relación con tu presencia escénica. Disponer de vídeos de tus últimas actuaciones te aportará información muy valiosa para ello.

Trata de clarificar las características principales de tu puesta en escena. Cuanta mayor coincidencia exista entre lo que quieres transmitir con tu presencia y lo que realmente transmites, mejor.

- Pregúntate por el grado de relación entre lo que crees que estás haciendo (movimiento, gestos) y lo que realmente sucede. Muy a menudo pensamos que un gesto es excesivo. Sin embargo, cuando lo vemos en video nos damos cuenta de que se trataba más bien de nuestra distorsionada apreciación.

- Analiza tu presencia al salir el escenario, saludar, comenzar la actuación...

- Realiza una especie de inventario con aquellas características que quieres cuidar:

* Tipo de gestos.
* Amplitud y velocidad de los movimientos expresivos...

• Las siguientes preguntas te pueden ayudar:

* ¿Qué quiero transmitir? Seguridad, confianza, cuidado, respeto, entrega, interés, ganas de comunicar ...
* ¿Cómo quiero que sean mis movimientos? ¿Cómo son
normalmente?
* ¿Qué función desempeñan los movimientos corporales al interpretar?

• Ten también presente aspectos como la indumentaria, si vas a
actuar con partitura o sin ella, la altura en la que quieres colo-
carte el atril, el lugar de colocación más conveniente en el escenario.

• Cuando hayas clarificado estas cuestiones realiza una visualización de ti mismo entrando al escenario, saludando al público, preparándote para comenzar y comenzando, cuidando lo
que haces entre un tiempo y otro, saludando al concluir ... La
visualización también nos permite experimentar por adelantado nuestras reacciones cuando salimos al escenario y somos
conscientes del público que nos observa.

• Piensa en positivo, es decir, cuidar tu presencia escénica tiene
que ver con cuidar tu faceta como intérprete, comunicador, y
como facilitador en definitiva de lo más importante, tu mensaje musical.

El compromiso con nuestros valores

«Pregunta a muchos de los que somos discapacitados qué nos
gustaría en la vida y te sorprenderás de los pocos que dirán:
"No ser discapacitado".
Aceptamos nuestras limitaciones.»
Itzhak Perlman. Violinista

La motivación por la música y por seguir progresando disminuye cuando el miedo por la actuación es excesivo. El alarmante consumo de betabloqueantes entre instrumentistas y cantantes, junto al tabú que representa hablar del miedo escénico especialmente en el ámbito profesional, es un claro indicativo de que algo no se está haciendo bien al respecto.

Los avances que se han producido en los últimos años en el ámbito de la psicología pueden ayudarnos en la tarea de mejorar esta situación. El psicólogo Steven Hayes[36], iniciador de la llamada terapia de aceptación y compromiso, ha comprobado a través de múltiples investigaciones que la combinación de estos dos componentes presenta una influencia muy positiva en trastornos como la ansiedad. La aceptación, tal como vimos en el punto anterior es esencial para que nuestra mente pueda desbloquear los mecanismos que la mantienen atascada, e incluye la aceptación de:

- Pensamientos negativos.
- Emociones desbordadas.
- Síntomas de nerviosismo.
- Los errores.
- Nuestra propia naturaleza humana.

El compromiso hace referencia a mantenerse fiel con los valores que para uno son importantes. Aunque se trata de una tarea muy personal, algunos ejemplos en el contexto musical quedarían representados por el valor positivo que le otorgamos a la música, a la expresión, a la comunicación, al progreso, a la perseverancia, al esfuerzo. Este compromiso implica insistir con determinación en aquello que consideramos valioso, a pesar de los inconvenientes y reuniendo fuerzas de donde sea necesario para conseguirlo.

El tándem formado por la aceptación y el compromiso implica un verdadero trabajo personal, pero si perseveramos en las actitudes y en las conductas adecuadas puede conducirnos a experiencias más satisfactorias ante el público.

---

36. Hayes, S., Strosahl, K. & Wilson, K. (2011). *Acceptance and Commitment Therapy, Second Edition: The Process and Practice of Mindful Change.* New York, Guilford Press. Hayes, S. (2013). Sal de tu mente, entra en tu vida. La nueva terapia de aceptación y compromiso.Desclée de Brouwer.

El proyecto Musethica

El proyecto Musethica, es un ejemplo de lo que significa el compromiso personal y humano hecho realidad a través de la música. El violista y pedagogo Avri Levitan creó esta apasionante iniciativa junto con la catedrática de la Universidad de Zaragoza Carmen Marcuello. Su propósito consiste en hacer llegar la música clásica al público que no es asiduo a este tipo de conciertos. Los estudiantes que participan en Musethica realizan una intensa labor actuando en asociaciones vecinales, colegios, fábricas, prisiones, hospitales, centros para niños con necesidades educativas especiales, etc. En los proyectos de Musethica participan como mentores miembros de la Orquesta Filarmónica de Berlín, profesores de la Escuela Superior Hanns Eisler de Berlín, del Conservatorio Central de Pekín o de la Royal Academy of Music de Londres, aportando todos ellos un genuino compromiso humano.

El proyecto Musethica realiza una intensa labor social haciendo llegar la música clásica a una amplia diversidad de entornos humanos.

Los jóvenes que participan en esta admirable iniciativa social manifiestan una gran satisfacción por poder tocar para los demás y ser conscientes del efecto tan positivo que la música ejerce en la audiencia. Lo verdaderamente interesante es que este *insight* les ayuda enormemente a olvidarse de sí mismos, y a focalizarse en la calidad de la interpretación. Cuando decididamente concedemos más valor al sentido de nuestra aportación que a nuestra propia imagen, tendemos a recobrar el equilibrio. La consecuencia de ello se traduce en un aumento de la sensación de control y del disfrute sobre el escenario.

A continuación dispones de una propuesta de meditación/visualización con la que focalizar valores importantes en relación con las actuaciones, que en ocasiones quedan empequeñecidos como consecuencia del miedo y la preocupación. Necesitamos conectar con nuestras creencias más profundas, con el fin de revisarlas y sustituirlas, si fuera necesario, por otras más saludables o adaptativas.

Meditación/visualización de valores musicales

- Parte de la posición habitual de visualización.

- Dedica unos momentos a tomar consciencia de tu respiración y de tu cuerpo.

- Centra ahora tus pensamientos en alguno de los siguientes temas:

  * El disfrute por hacer música en sí mismo.
  * Lo que puedes aportar a los demás a través de la música.
  * La grandeza de la música: las grandes obras, los grandes compositores, los grandes intérpretes...
  * Los valores positivos de la música y la influencia que ejerce sobre las personas: sobre los niños y su educación, sobre las emociones, sobre el mundo intelectual ...
  * Tu valor como persona, y no por el alcance de tus logros musicales.
  * Otros que quieras incluir.

- Mientras piensas sobre alguno de estos temas genera imágenes representativas de los mismos. Conecta con tu parte afectiva, con las emociones positivas que experimentas al respecto.

- Modifica el tema sobre el que centras tus pensamientos y tu visualización cada varios días. Explora sobre tus reacciones con el fin de hallar cuáles son tus motivadores más efectivos. Recuerda de que en el fondo se trata de prestar atención a aquello que nos gusta y queremos, en lugar de evitar lo que no queremos.

Llegados a este punto solo me queda animarte a emplear la extraordinaria herramienta que es la práctica mental. A lo largo del libro he tratado de mostrar aquellas aplicaciones que a través de la experiencia con un gran número de músicos, he comprobado que son verdaderamente útiles. Evidentemente, se trata de un terreno muy extenso y del que aquí queda representado solo una parte. Toma las propuestas que aparecen en los diferentes capítulos como un punto de partida, o como una invitación para desarrollar tu propia forma de utilizar los valiosos recursos que nos brinda nuestra capacidad de imaginar, visualizar y crear.

Como en otras ocasiones, espero haberte aportado información e ideas que activen tus ganas de mejorar en diversos aspectos de tu actividad musical.

IDEAS CLAVE

- La visualización nos ofrece la posibilidad de ejercitar aquellas características más necesarias para llevar a cabo actuaciones satisfactorias.

- Puesto que en los conciertos la atención suele dispersarse o dirigirse a todo tipo de preocupaciones, es conveniente entrenar la concentración en la música.

- Mediante sesiones graduales de visualización podemos exponernos a aquellas situaciones en las que el nerviosismo excesivo nos impide dar lo mejor de nosotros mismos, e ir reduciendo progresivamente su efecto desestabilizador.

- La visualización también nos brinda la ocasión de ejercitar y promover todas aquellas cualidades positivas que queremos que estén presentes en pruebas, audiciones o conciertos.

- Aprender a aceptar el miedo que generan las actuaciones, junto al compromiso creciente con nuestros valores personales y musicales, contribuye a mejorar progresivamente nuestra relación con el público.

- Mediante la relajación, la visualización, la meditación y nuestro trabajo personal, podemos sustituir creencias negativas relacionadas con nosotros mismos y con la actividad musical, por otras más constructivas y saludables.

PROGRAMA DE PRÁCTICA MENTAL

DIRIGIR LA ATENCIÓN A LA MÚSICA

Entrenar la dirección de la atención a la música presenta como vimos grandes ventajas. En primer lugar dispones de un breve resumen de los pasos que puedes llevar a cabo para ello. La plantilla que viene posteriormente, te ayudará a programar y registrar tus visualizaciones y tus ejecuciones reales. Tomando como referencia la fecha de una próxima actuación, programa sesiones en las que visualizas y ejecutas el material que vas a interpretar y ejercitas los mensajes que te conectan con la interpretación.

✔ **Elaborar mensajes**

Elaboración de mensajes impulsores de la interpretación. Escribir una palabra clave y su significado. Ejemplo: Dirección (llevo la música hacia los puntos de tensión).

✔ **Escribir las palabras clave**

En posits y colocarlos en partitura.

Añadir voluntariamente colores o símbolos.

✔ **Práctica**
  * Escuchando la grabación y leyendo la partitura.
  * Visualizando la ejecución y leyendo partitura.
  * Ejecución real.

Nivel de entrega: hace referencia al nivel de implicación con tus tareas interpretativas.

Experiencia: cómo ha sido tu experiencia al practicarlo.

Obra o fragmento:	Nivel de entrega	Experiencia
Fecha		
Fecha		
Fecha		
Ejecutar		
Fecha		
Fecha		
Fecha		
Actuación Fecha:		

BUSCAR LA EXCELENCIA

Momentos antes de salir al escenario nuestra mente se debate entre evitar el fracaso y buscar la excelencia. En la medida en la que conocemos esta disyuntiva y entrenamos nuestra disposición para buscar la calidad interpretativa y musical, podemos realizar considerables mejoras en relación con las actuaciones. A continuación dispones de un gráfico con el que puedes evaluar tu motivación actual en relación con tus actuaciones.

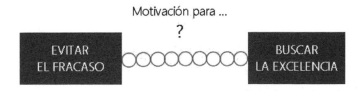

Inspirándote en el gráfico anterior, sigue los pasos de la visualización que hemos visto en el capítulo y que tienes aquí resumidos. Apunta en la plantilla tu experiencia o comentarios de interés en relación con la práctica.

✔ **Elige un fragmento.**

De una obra que tengas que tocar próximamente en público.

✔ **Decide un aspecto.**

Selecciona un aspecto (sonido, afinación, precisión, interpretación...)

✔ **Visualízate a ti mismo.**

Interpretando el fragmento y generando la máxima calidad en
ese aspecto.

✔ **Conecta con la emoción positiva.**

Motívate por visualizar una muy buen realización del aspecto
que hayas elegido y disfrútalo, en lugar de pretender que no
haya errores,.

✔ **Elige otro aspecto.**

Realiza la misma tarea con el mismo fragmento o con otro.

✔ **Busca la excelencia de forma global.**

Visualízate a ti mismo buscando la máxima calidad en la interpretación y la expresión en los pasajes en los que has trabajado
anteriormente.

	Centrado en la excelencia
Aspecto 1:	
Aspecto 2:	
Global:	

EXPOSICIÓN MEDIANTE VISUALIZACIÓN

La visualización de las situaciones que nos generan miedo realizada de
forma repetida, escalonada y controlada nos pueden ayudar enormemente a superarlo. Sigue las indicaciones que aparecen en el capítulo

con el fin de realizar adecuadamente las visualizaciones. Como vimos, el objetivo es aprender a aceptar y manejar el miedo, en lugar de evitarlo. Esfuérzate por conferir el mayor realismo posible a las imágenes.

▶ Diseña un listado de las situaciones que te produzcan miedo y ordénalas de menor a mayor intensidad. Aquí tienes un ejemplo.

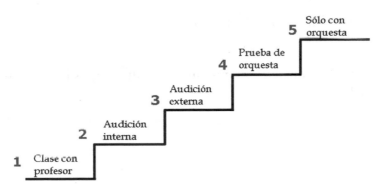

▶ Colócalas por orden (niveles) en el gráfico vacío de la escalera: 1 corresponde al menor nivel de miedo y 5 al máximo.
▶ Realiza una relajación previa y visualiza la situación del primer nivel.
▶ Dedica varias sesiones a este primer nivel. Cuando compruebes que tu nivel de nerviosismo haya disminuido y sea más manejable, pasa a realizar la visualización del siguiente nivel.
▶ Ve avanzando poco a poco de nivel a nivel.
▶ Si se trata de una secuencia de acontecimientos, como la que aparece en el listado de abajo, puedes encadenar en una misma sesión varios niveles seguidos.

Listado de afrontamiento (ejemplos)

▶ Los días previos a la actuación.

▶ El momento previo a salir al escenario.

▶ El momento de salir al escenario.

▶ Al saludar al público al principio.

▶ Momento previo a empezar (afinar, ajustar atril o partituras ...)

▶ El comienzo de la actuación.

▶ Durante la actuación.

▶ Público muy próximo.

▶ Obra fácil.

▶ Obra de dificultad intermedia.

▶ Obra de gran dificultad.

Elementos que confieran el mayor realismo posible a la visualización:

Indumentaria, lugar, focos, público, acústica...

_____

_____

_____

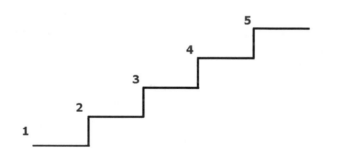

Registra tus sesiones en las plantillas de abajo. Indica la fecha en que realizas cada visualización y el nivel de nerviosismo que te produce (0 nada-5 máximo). Añade algún comentario de cómo ha ido tu experiencia. El número de sesiones que dedicas a cada nivel depende de tu propia experiencia.

	SESIÓN	1	2	3	Experiencia
	Fecha				
Nivel 1	Nivel nerviosismo				

	SESIÓN	1	2	3	Experiencia
	Fecha				
Nivel 2	Nivel nerviosismo				

Etc.

AUTOCONOCIMIENTO

Cada cierto tiempo (dos o tres meses) puede resultar interesante formularte las preguntas que vimos en este apartado del capítulo. Este trabajo personal contribuirá a que seas más consciente de dónde te encuentras en relación con diversos aspectos clave implicados en nuestro rendimiento en las actuaciones.

- ¿Adónde suelo dirigir mi atención cuando estoy sobre el escenario?
- ¿Cuál es mi verdadera motivación en la música?
- ¿Qué características debería tener una actuación en público para sentirme satisfecho?
- ¿Qué es lo que más valoro en una actuación?
- ¿Cómo reacciono cuando cometo un error?

FECHA	Tema/as	Experiencia

MEDITACIÓN / VISUALIZACIÓN DE VALORES MUSICALES

Modificar nuestras creencias relacionadas con las actuaciones, con la música y con nosotros mismos, no es algo que se produce de la noche a la mañana. Utiliza la siguiente plantilla para programar sesiones en las que visualizas y reflexionas sobre los valores que vimos en el capítulo. Anota los temas en los que te centras en cada ocasión, y observaciones sobre cómo ha ido tu experiencia.

SEMANA	Tema/as	Experiencia
1		
2		
3		
4		
5		
6		
7		
8		

BIBLIOGRAFÍA

«Arthur Rubinstein Dies in Geneva at 95». *The New York Times. 21.12.* (1982).

Bakker, M., De Lange, F. P., Helmich, R. C., Scheeringa, R., Bloem, B. R., and Toni, I. «Cerebral correlates of motor imagery of normal and precision gait.» *Neuroimage* 41, 998–1010. doi: 10.1016/j.neuroimage.2008.03.020 (2008).

Bandura, A. *Teoría del Aprendizaje Social.* Madrid, Espasa-Calpe (1982).

Blakemore, S. Y Frith, U. *Cómo aprende el cerebro.* Ariel (2007).

Bruser, M. *The art of practicing.* Three Rivers Press (1997).

Chaffin, R., Imreh, G., y Crawford, M. *Practicing perfection: Memory and piano performance.* New Jersey, Lawrence Erlbaum Associates (2002).

Claxton, G. *Aprender. El reto del aprendizaje continuo.* Paidós (2001).

Conable, B. *Lo que todo músico tiene que saber sobre el cuerpo.* Laertes (2012).

Coutinho S.A. y Neuman G. «A model of metacognition, achievement goal orientation, learning style and selfefficacy.» *Learning Environ Res* DOI 10.1007/s10984-008-9042-7 (2008).

Dubal, D. *Reflections from the keyboard.* Schirmer books (1997).

Ericsson, K.A., Krampe, R.T., y Tesch-Römer, C. «The role of deliberate practice in the acquisition of expert performance.» *Psychological Review,* 100(3), 363–406. (1993).

Franklin, E. (2003). *Conditioning for Dance: Training for Peak Performance in All Dance Forms* Human Kinetics (2003).

Freymuth, M. «Mental practice for musicians: Theory and applications.» *Medical Problems of Performing Artists, 8,* 141-143 (1993).

Galamian, I. *Interpretación y enseñanza del violín.* Pirámide (1998).

García Martínez, R. *Evaluación de las estrategias metacognitivas en el aprendizaje de contenidos musicales y su relación con el rendimiento académico musical.* Tesis doctoral. Universidad de Valencia Ediciones (2010).

García Martínez, R. *Optimiza tu Actividad Musical. La Técnica Alexander en la Música.* Impromptu Editores. (2011).

García Martínez, R. «La Técnica Alexander y el Trabajo Orquestal.» *En Concierto Clásico* 7/2012, pág 18-19. (2012).

García Martínez, R. *Técnica Alexander para Músicos.* Robinbook (2013).

García Martínez, R. «Metacognición y aprendizaje musical: el valor de la reflexión.» *Música y Educación.* Vol. 27, 3 (octubre 2014). Núm. 99, Págs. 12-18. (2014).

García Martínez, R. *Cómo preparar con éxito un concierto o audición.* Redbook (2015).

García Martínez, R. «Fluir en orquesta. Aumentando las experiencias satisfactorias.» *En Concierto Clásico 13/2015, pág 10-12.* (2015).

García Martínez, R. «Las pruebas de orquesta. Un verdadero reto para el cuerpo y para la mente.» *En Concierto Clásico 14/2016, pág 31-32.* (2016).

Goldstein, E. Bruce *Sensación y Percepción.* Paraninfo (2006).

Greene, D. *Performance Success.* Routledge (2002).

Hallam, S. «Professional musicians' approaches to the learning and interpretation of music.» *Psychology of Music,* 23 (2), 111–128. (1995).

Hallam, S. «The development of metacognition in musicians: Implications for education.» *British Journal of Music Education,* 18(1), 27–39. (2001).

Hayes, S., Strosahl, K. & Wilson, K. *Acceptance and Commitment Therapy, Second Edition: The Process and Practice of Mindful Change.* New York: Guilford Press (2011).

Hayes, S. *Sal de tu mente, entra en tu vida. La nueva terapia de aceptación y compromiso.* Desclée De Brower (2013).

Holmes, P. «Imagination in practice: A study of the integrated roles of interpretation, imagery and technique in the learning and memorisation processes of two experienced solo performers.» *British Journal of Music Education* , 22 , 217 – 35 (2005).

Holmes, P. S., & Collins, D. J. «The PETTLEP approach to motor imagery: A functional quivalence model for sport psychologists.» *Journal of Applied Sport Psychology,* 13(1) 60-83 (2001).

Jiménez, L. «Emmanuel Pahud. El rey de la flauta.» *Ritmo.* Núm. 992. Págs 14-17 (2016).

Kabat-Zinn, J. *Mindfulness en la vida cotidiana: Cómo descubrir las claves de la atención plen.* Paidós Ibérica (2009).

Keller, P.E.«Mental imagery in music performance: underlying mechanisms and potential benefits.» *Annals of the New York Academy of Sciences, 1252,* 206–213 (2012).

Klickstein, G. *The Musician's Way.* New York: Oxford University Press. (2009).

Kosslyn , S. , Ganis , G. , & Thompson , W. «Neural foundations of imagery.» *Neuroscience ,* **2** , 635 – 42 (2001).

Kovacs, Alano *Una propuesta metodológica: el Método Metarretórico Musical y su aplicación a mi interpretación del primer movimiento del Concierto de viola de Béla Bartók.* (Tesis doctoral inédita). Universidad Rey Juan Carlos, Madrid. (2013).

Lehmann, A.C. «The acquisition of expertise in music: Efficiency of deliberate practice as a moderating variable in accounting for sub-expert performance.» En I. Deliege y J. Sloboda (Eds.), *Perception and cognition of music* (pp. 161–87). Hillsdale, NJ: LEA. (1997).

Lotze, M. «Kinesthetic imagery of musical performance. Functional Imaging, Institute for Diagnostic Radiology and Neuroradiology» Ernst Moritz Arndt University of Greifswald Greifswald, Germany Front Hum Neurosci 7:280 (2013).

Mantel, G. *Cello Üben.* Schott-Verlag (2000).

Martínez Seco, A. Josu de Solaun, Pianista: «España tiene mucho que ofrecer al mundo.» *Codolario. La revista de música clásica. www.codolario.com* (2016).

Munzert J, Lorey B, Zentgraf K. «Cognitive motor processes: the role of motor imagery in the study of motor representations.» *Brain Res Rev* 60: 306–326, (2009).

Neuhaus, Heinrich. *El arte del piano.* Real Musical (1987).

Nielsen, S. G. «Strategies and self-efficacy beliefs in instrumental and vocal individual practice: a study in higher music education.» *Psychology of Music, 32(4),* 418–431 (2004).

Pinker, S. *How the Mind Works.* New York: Oxford University Press (1999).

Pintrich, P.R. y Schunk, D.H. *Motivación en contextos educativos.* Madrid, Pearson. (2006).

Ross, S. L. «The effectiveness of mental practice in improving the performance of college trombonists.» *Journal of Research in Music Education, 33,* 221-230 (1985).

Rubin-Rabson, G. «Studies in the psychology of memorizing piano music: VI: A comparison of two forms of mental rehearsal and keyboard overlearning.» *Journal of Educational Psychology,* **32,** 593 – 602 (1941).

Rubinstein, A. *My Many Years.* Jonathan Cape. London (1980).

Shepard, Roger N. and Jacqueline Metzler «Mental rotation of three-dimensional objects.» Science 171: 701-703. (1971)

Simón, V. *Aprender a practicar Mindfulness.* Sello Editorial (2011).

Sloboda, J. A., Davidson, J. W., Howe, M. J. A., y Moore, D. G. «The role of practice in the development of performing musicians.» *British Journal of Psychology, 87(2),* 287–309 (1996).

Sternberg, Robert J. *Beyond Iq: A Triarchic Theory Of Human Intelligence.* New York: Cambridge University Press (1985).

Sternberg, Robert J. *Wisdom, Intelligence, And Creativity Synthesized.* New York: Cambridge University Press (2007).

Valentine, E. R., Fitzgerald, D. F. P., Gorton, T. L., Hudson, J. A., & Symonds, E. R. C. «The effect of lessons in the Alexander Technique on music performance in high and low stress situations.» *Psychology of Music, 23,* 129-141 (1995).

Williamon, A., y Valentine, E. «Quantity and quality of musical practice as predictors of performance quality.» *British Journal of Psychology,* 91(3), 353– 376. (2000).

Wilson, G. D. & Roland, D. «Performance anxiety». In r. Parncutt & G. E. Mcpherson (eds.), *The science and psychology of music performance* (pp. 47–61). New York: Oxford University Press. (2002)

Wilson, Glenn *Psychology for Performing Artists.* Londres: Jessica Kingsley Pub (1994).

Wolpe, J. *Psicoterapia por inhibición recíproca.* Desclée de Brouwer, Bilbao (1981).

Woody, R. H. Learning From The Experts: Applying Research In Expert Performance To Music Education *Journal Of Research In Music Education, 19,* 2. (2001).

Wright , D. J. y Smith, D. «Using PETTLEP imagery to improve music performance: A review.» *Musicae Scientiae.* Vol. 18 no. 4 448-463 (2014)

Zatorre, R.J., J.L. Chen & V.B. Penhune. «When the brain plays music. Auditory-motor interactions in music perception and production.» *Nat. Rev. Neurosci.* **8:** 547–558. (2007).

Zohar A. y David A.B. «Explicit teaching of meta-strategic knowledge in authentic classroom situations.» *Metacognition Learning* 3: 59–82. (2008)

AGRADECIMIENTOS

Cada nuevo proyecto de estas características lleva consigo la colaboración de muchas personas que lo hacen posible y que le confieren un extraordinario valor.

Quiero comenzar en esta ocasión con dos personas muy especiales, mi hija Irene y mi mujer Mª Paz. A sus 10 años, Irene ha podido comprobar durante el proceso de escritura de este libro, que a veces los mayores andamos muy ocupados con cosas que aun siendo importantes, nunca alcanzan el valor de estar al lado de los que más quieres. Gracias Mª Paz por tu comprensión y por llevar las riendas de nuestro viaje en tantos momentos.

Unas gracias muy especiales a Claude Delangle por sus entrañables palabras y por el entusiasmo que siempre ha mostrado en mis proyectos.

Muchas gracias a los grandes intérpretes y profesores que han compartido sus experiencias relacionadas de una u otra forma con la práctica mental. Muchas gracias a David Apellániz, José Franch, Josu de Solaun, Víctor y Luis del Valle, Alan Kovacs, Avri Levitán, Alejandro Rojas-Marcos, María Rubio, Josep Sanz y Pablo Suárez.

Agradezco enormemente a mis alumnos del Conservatorio Superior de Música de Aragón por el interés que me transmiten, y por todo lo que compartimos cada semana. Es un verdadero privilegio para mí contar con su ilusión y con sus experiencias. En lo referente al estudio mental, son ya muchos años dedicados a trabajar juntos y a recibir valiosas aportaciones por su parte. Agradezco especialmente a los alumnos Sayoa Loinaz, Uxía González, Eloy Fidalgo, Miguel Sánchez, Álvaro Pastor, Elisa Sánchez y Adrián Navarro, por haber cedido su imagen para ilustrar mejor los contenidos. Agradezco también la colaboración en relación con la selección de pasajes y demás aspectos a Luis Azcona, Gonzalo Soler, Pablo Mena, María Morcillo, Claudia Fernández, Paula Domínguez, Noelia Ortega, Alicia Cobos, Manuel Josué Ramos, Cecilia Pastor, María Melero, Clara Aucejo y Víctor Fonseca.

Muchas gracias a los miembros de la Orquesta de Valencia con los que semanalmente comparto enriquecedoras experiencias y que de una u otra forma contribuyen a expandir mi relación con muchos aspectos vinculados con la interpretación musical: Pilar Parreño, María Rubio, David Forés, Luisa Domingo, José León, Vicent Torres, Mª Dolores Vivó, Eloise Pinon, Santiago Cantó y Jenny Guerra.

Muchas gracias a José Luis Melendo, que con tanta diligencia se encarga de la biblioteca del Conservatorio Superior de Música de Aragón, y por su amable ayuda.

Muchas gracias a Redbook Ediciones, y en su nombre a Martí Pallàs por el buen trabajo que realiza con la colección Taller de Música contribuyendo a llenar el enorme vacío en el área de la literatura musical que existe en nuestro país.

Muchas gracias como siempre a mi hermana Maite y a mi cuñado Sergio por sus valiosas observaciones y su ayuda. Y muchas gracias a mis padres Jesús y Concepción por su esfuerzo y por todo lo que me han aportado.

Taller de música

CÓMO POTENCIAR LA INTELIGENCIA DE LOS NIÑOS CON LA MÚSICA

Joan M. Martí

La música estimula las capacidades de ambos hemisferios en el cerebro, potenciando globalmente las habilidades de los niños a través del aprendizaje musical. Es, por tanto, una herramienta transversal para el aprendizaje de todo tipo de materias.

Está demostrado que hay una relación directa entre una temprana educación musical y el crecimiento cognitivo de materias como las matemáticas, los idiomas o las ciencias naturales. La inteligencia musical puede manifestarse desde muy temprano, tan sólo es necesario que padres y educadores apoyen el interés musical de los niños de una manera cálida, afectuosa y amable. Este libro ofrece una serie de recursos prácticos para desarrollar en el aula o en casa con el fin de mejorar la educación de los niños en cualquier ámbito.

SER MÚSICO Y DISFRUTAR DE LA VIDA

Joan M. Martí

La música expresa sentimientos, circunstancias, pensamientos o ideas. El arte de las musas es un noble estímulo que hace que la gente baile, cante, escuche con atención o se emocione profundamente. Quien se encarga de transmitir todas estas sensaciones es el músico y este libro trata sobre todo aquello que envuelve su vida: su relación con el profesor, con su familia, con su pareja y también con su instrumento.

¿Cómo vive una actuación un músico? ¿Disfruta, se agobia, la padece? ¿Qué actitud debe tener un músico con sus maestros? ¿Cómo es la relación con su pareja? ¿Qué significa ser músico en nuestra sociedad?

Taller de teatro/música

EL MIEDO ESCÉNICO

Anna Cester

Muchos cantantes, bailarines, actores, músicos… ya sean amateurs, estudiantes o grandes intérpretes afirman que la ansiedad escénica les afecta negativamente, disminuyendo su rendimiento y la calidad de su actuación. Es un hecho evidente que el trac no es selectivo, nos afecta a todos en mayor o menor intensidad.

El objetivo principal de este libro es ofrecer al lector conocimientos y habilidades en la preparación para actuar ante público, así como recursos para afrontar la ansiedad escénica sin que ésta interfiera en su buena interpretación

CÓMO VIVIR SIN DOLOR SI ERES MÚSICO
Ana Velázquez

Los músicos están expuestos –más que la mayoría de las profesiones– a lesiones musculares y articulares debido a la repetición de sus movimientos. La mejor manera de prevenirlas es enseñando desde los comienzos la más óptima colocación del instrumento y evitar las alteraciones en el sistema postural.

Este libro ofrece los recursos necesarios en cada tipo de instrumento para mejorar la postura interpretativa y evitar lesiones que mermen el trabajo de un músico. Tiene como finalidad optimizar el rendimiento y calidad artística del músico ya que ofrece recursos para mejorar la postura interpretativa y en consecuencia la relación que cada músico tiene con su instrumento.

TÉCNICA ALEXANDER PARA MÚSICOS
Rafael García

La técnica Alexander es cambio. Un cambio de conducta que implica una visión más amplia de la música y del intérprete. La atención no se centra exclusivamente en los resultados, sino también en mejorar y cuidar todas aquellas áreas que conducen a una experiencia musical más satisfactoria.
Aprender a ver más allá del atril, levantarse de vez en cuando de la silla para tomar aire y reemprender la tarea con energía renovada, representa una medida saludable para el músico.
La técnica Alexander toma de la mano tanto las necesidades artísticas del intérprete, como los pilares del funcionamiento corporal que promueven en él una postura sana y movimientos libres. El resultado es beneficioso para ambos. La faceta artística del músico se amplía enormemente al reducir el número de interferencias en la interpretación, y a su vez, el bienestar corporal alcanzado lleva a una experiencia de mayor satisfacción.

MUSICOTERAPIA
Gabriel Pereyra

Este libro ofrece un viaje por el mundo del sonido y del ritmo.
A lo largo de sus páginas irán apareciendo un sinfín de posibilidades inexploradas que puede otorgar el poder de la música, acompañadas de diversos ejemplos para mejorar el nivel de relajación o aumentar la concentración, y otros para combatir el estrés o aliviar el dolor.
Gracias a los ejercicios planteados, el lector podrá desarrollar su musicalidad y alcanzar el equilibrio en la vida cotidiana, agudizando los sentidos, y mejorando su salud física y mental.

- La influencia de la música sobre el cuerpo humano.
- Los cuatro tipos de oyentes.
- El efecto Mozart.

CÓMO PREPARAR CON ÉXITO UN CONCIERTO O AUDICIÓN

Rafael García

¿Cuál es la diferencia entre un buen concierto y una actuación rutinaria? La elección de un repertorio adecuado es importante, por supuesto, pero no lo es menos saber traspasar la información de una partitura al espectador.

El libro de Rafael García nos habla sobre el estudio efectivo y sobre la manera adecuada de preparar una actuación musical. Y lo hace no únicamente desde el aspecto técnico sino que también lo realiza desde la perspectiva de la preparación mental, cuestiones ambas fundamentales para alcanzar un gran rendimiento sobre el escenario.

CÓMO DESARROLLAR EL OÍDO MUSICAL

Joan M. Martí

El entrenamiento auditivo nos permite reconocer y distinguir un sonido, un patrón rítmico, un timbre sonoro. Pero también nos facilita entender y por tanto disfrutar más una determinada música. El libro que el lector tiene entre las manos no es una mera exposición de audiciones sino que contiene tablas de audiciones y ejercicios que le confieren un carácter muy práctico. Todo ello pensado para que el lector pueda observar, pensar, relacionar y, sobre todo, ejercitar su oído musical.

• Cómo reconocer diferentes texturas musicales.
• Distinguir entre monodia, homofonía, contrapunto, canon y melodía acompañada.

APRENDIZAJE MUSICAL PARA NIÑOS

Joan M. Martí

Este es un libro que complementa el anterior del mismo autor *Cómo potenciar la inteligencia de los niños con la música,* que se ha convertido en poco tiempo en un referente ineludible a la hora de hablar de aprendizaje musical. Este nuevo trabajo del musicólogo Joan Maria Martí muestra las características esenciales de los principales métodos de enseñanza de la música mostrando las ventajas pedagógicas de cada uno de ellos.

¿En qué consiste el trabajo de Kodály? ¿Qué aporta el método Martenot a la educación y desarrollo de los jóvenes? ¿Dónde puedo informarme del método Ireneu Segarra? ¿Cuáles son las ideas de Edgar Willems? ¿Qué beneficios aporta el Jaques-Dalcroze? ¿Qué es la Educación del Talento de Shinichi Suzuki?

GUÍA PRÁCTICA PARA CANTAR
Isabel Villagar

Cantar de una manera sana requiere un entrenamiento muscular igual que cualquier actividad que requiera una coordinación motora, como patinar, conducir, ir en bicicleta, etc. Cualquier persona puede adquirir un conocimiento consciente del funcionamiento de su voz que le permita desarrollar todo su potencial artístico. En esta guía, Isabel Villagar explica con numerosos ejemplos las posibilidades de la voz y cómo desarrollarlas de una manera adecuada.

• Las cualidades del sonido y del aparato fonador.
• ¿Cómo se puede ejercitar y desarrollar la voz?
• La articulación en la voz cantada.
• Rango vocal y tesitura.

GUÍA PRÁCTICA PARA CANTAR EN UN CORO
Isabel Villagar

Cantar en coro es una de las actividades más placenteras y enriquecedoras que existen. Todo el mundo puede cantar porque está en nuestra naturaleza, sin embargo, la formación de un cantante no se da de modo espontáneo, sino que debe entenderse como la adquisición de una habilidad psicomotriz. El esquema corporal vocal lo constituyen experiencias significativas, organizadas y sistematizadas tanto mental como corporalmente y para ello se diseñan los ejercicios vocales y las propuestas metodológicas con el fin de que se apliquen a un grupo de cantantes.

CÓMO GANARSE LA VIDA CON LA MÚSICA
David Little

El negocio de la música ha conocido una transformación radical en el último cuarto de siglo. La expansión de Internet, la implantación de potentes ordenadores, el desarrollo de la tecnología portátil son el paradigma de una nueva y apasionante era en la que la promoción musical se rige por derroteros muy diferentes a los de antaño. ¿Hasta dónde llega esta fascinante metamorfosis?

El autor de este libro, músico y periodista, nos descubre cuáles son las principales vías de ingresos de un músico y la mejor manera de que estos profesionales puedan dar a conocer su trabajo. Nos habla de la importancia del artista y el público objetivo al que se dirige, cómo debe contar su propia historia y conseguir que los contenidos sean virales.